MICHAEL KUHR

BODY GUARD

MICHAEL KUHR

mit Nataly Bleuel

BODY GUARD

Zwischen High Society
und Unterwelt

DROEMER

Besuchen Sie uns im Internet:
www.droemer.de

Alle abgekürzten Namen im Text wurden geändert.
© 2011 Droemer Verlag
Ein Unternehmen der Droemerschen Verlagsanstalt
Th. Knaur Nachf. GmbH & Co. KG, München
Alle Rechte vorbehalten. Das Werk darf – auch teilweise –
nur mit Genehmigung des Verlags wiedergegeben werden.
Umschlaggestaltung: ZERO Werbeagentur, München
Umschlagabbildung: © Günther Menn /
Photo-Presseagentur Focus
Satz: Adobe InDesign im Verlag
Druck und Bindung: CPI – Ebner & Spiegel, Ulm
Printed in Germany
ISBN 978-3-426-27567-2

2 4 5 3 1

INHALT

PROLOG ODER: VOR GERICHT

Zwei Männer in Glaskäfigen. Es ist ein großer Saal, seine Mauern sind aus dickem Stein und hundert Jahre alt. Vor den hohen Fenstern stehen noch mal Wände aus Glas, so dass von der Stadt draußen nur fahles Licht hereinbricht.

Vorne ein hohes Podest, noch leer. An der linken und an der rechten Seite des Raums zwei Kästen aus Glas. Im linken sitzt ein junger Mann, im rechten auch. Sie sitzen sich gegenüber, doch sie sehen sich nicht an. Der im rechten hat den Kopf zwischen die Schultern gezogen und schaut auf seine Hände. Der im linken starrt auf die Fenster, durch die man die Freiheit nicht sieht.

Der Saal ist bis zur Decke getäfelt, und auch die beiden Kronleuchter verleihen ihm etwas Feierliches – schon bevor das Gericht erscheint und alle aufstehen. Noch ist es still im Saal 500.

Es sitzen da noch, vor den Glaskästen, einige Herren in schwarzen Roben und blicken konzentriert auf die Bildschirme ihrer Laptops. Zwei gehören zum linken Käfig, drei zum rechten. Wie auf einer einsamen Kanzel scheint zwischen Podest und Käfig der graumelierte Staatsanwalt zu schweben. Und schweigend stehen zur Sicher-

heit Justizvollzugsbeamte in dunkelblauer Dienstklei-
dung im Raum verteilt. Manche tragen Schlagstöcke
und Handschellen, einige sogar Schusswesten.

Dann werden die Flügeltüren geöffnet, und es poltern
die Zuschauer herein, dass die Dielen knarzen. Wenn
man den Saal von hinten betritt, durch den Zuschauer-
eingang, kann man kaum erkennen, ob die Leute vorn
auf dem Podest lächeln werden oder nicht. So tief ist der
Raum, gediegen, ehrerbietig.

Die Holzbänke knacken beim Draufsetzen. Sie sind
durch eine Balustrade vom Verhandlungssaal getrennt. Es
sind etwa ein Dutzend Bänke. Sie werden nicht ganz voll.
Die erste Reihe ist geschlossen: sechs, acht breite, bullige
Männer mit dunklen Haaren. Fast alle tragen sie Jogginghosen, Turnschuhe und Pullis, durch die sich ihre
Muskeln abzeichnen. Sie wirken nicht ganz ausgeschla-
fen, gerötete Augen. Es ist elf Uhr vormittags.

In der zweiten Reihe eine rundliche ältere Frau in bo-
denlangem Mantel und Kopftuch. Neben ihr ein alter
Mann mit Käppchen auf grauen Haaren und Gebets-
kette zwischen den Fingern. Und eine junge Frau ohne
Tuch und Schmuck.

Weiter hinten einzelne Männer in Anzügen und junge
Frauen, Studentinnen vielleicht.

Dann gehen die Türen vorne hinter dem Podest auf, und
es kommen herein: der Richter, Beisitzerinnen, Schöffen,
die Protokollantin. Alle erheben sich. Auch die beiden
Männer in den Käfigen. Der, der vorher auf seine Hände
geschaut hat, lächelt der alten Frau zu. Sie nickt.

Und dann blicken alle auf die Besucher in der ersten
Reihe: Solche Energien gehen von diesen Männern aus.
Wie eine Welle stehen sie da, mächtig, gewaltig.

Es ist der fünfte Verhandlungstag im sogenannten Poker-Prozess. Er wird verhandelt im Landgericht in Berlin-Moabit. Vier Männer wurden schon verurteilt, jetzt geht es um die Drahtzieher.

Am 6. März 2010, einem Samstag, überfiel eine Gruppe von Männern ein Pokerturnier. Aber nicht irgendeines, sondern eines der größten Pokerturniere der Welt, das European Poker Tournament. Es fand zum ersten Mal in Berlin statt, im Herzen der Stadt, in einem Nobelhotel am Potsdamer Platz. Eine Woche lang wurde gespielt, von Zockern, von Profis wie der Pokerweltmeisterin Sandra Naujoks und von Promis, Boris Becker und Charlotte Roche waren auch dabei. Das Preisgeld betrug 4,6 Millionen Euro. Der Sieger bekam eine Million. Ein Spektakel, bei dem unzählige Kameras liefen.

Kurz nach zwei Uhr mittags stürmten vier Männer durch einen Seiteneingang des Hotels in den Vorraum des Turniers. In den Ballsälen liefen gerade drei Turniere: Freezeout, Highroller, Ladies-Only.

Die Männer trugen Mützen überm Gesicht und vermeintliche Schusswaffen, einer hatte eine Machete. Sie stürmten die Registratur. An einem Tisch wurde das eingesetzte Geld kurzfristig gesammelt, gut sichtbar in einem offenen Tresor. Die Männer riefen: »Das ist ein Überfall!« und »Go, go, go!« Der Tumult draußen wurde auch im Turniersaal spürbar. Panik brach aus. Stühle und Tische wurden umgeschmissen, Spielchips und Karten wirbelten durch den Raum, Menschen warfen sich zu Boden, in Deckung. Die Kameras übertrugen es live.

Die Männer rafften Geld zusammen: an die 800 000 Euro.

Dann erkannten die Sicherheitsleute ihre Chance. Einer war sehr groß und wuchtig. Er stürzte sich auf einen Mann mit Pistole und versuchte, sie ihm aus der Hand zu schlagen. In dem Moment lief der Mann mit der Machete auf ihn zu. Er holte aus und erwischte den Sicherheitsmann Roman H. unterm Auge, aber nur leicht. Er ließ vorerst ab. Später gelang es dem Sicherheitsmann, den Räuber wieder in den Schwitzkasten zu nehmen. Ein Hotel-Azubi schnappte sich sofort die von dem festgehaltenen Räuber fallen gelassene Tasche und stellte sie sicher. Darin war knapp eine halbe Million Euro.

Mit dem Rest der Beute, 242 000 Euro, konnten die Männer fliehen. Sie rannten durch die Menge der Menschen im Einkaufszentrum am Potsdamer Platz, sprangen in einen schwarzen Mercedes und rauschten ab.

Der bewaffnete Raubüberfall hat keine zehn Minuten gedauert. Ein Schreck ging durch Berlin, über den hinterher alle lachten. Kurze Zeit später, am Nachmittag schon, sprach die halbe Stadt über den Überfall. Radio, Fernsehen, Zeitungen berichteten von der Sensation. Man kann sie sich jederzeit im Internet ansehen.

Zwei Tage später titelte die B.Z. »Polizei lacht über die Poker-Bande«, und die taz amüsierte sich über »die trotteligen Vier vom Pokerturnier«. Es lacht nicht nur die Polizei, sondern die ganze Stadt. So dämlich haben sich die Pokerräuber angestellt.

Der Polizeipräsident von Berlin, Dieter Glietsch, sagt schon am Montag nach dem Überfallwochenende: »Die Täter werden angesichts der Berge von hinterlassenen Spuren sehr schnell gefasst.«

Einer trug keine Handschuhe. Einer riss sich mitten in der Menge der erstaunten Passanten die Sturmhaube vom Gesicht. Das Autokennzeichen schrieb sich ein Passant auf. Das Auto war nicht mal geklaut, sondern auf einen Verwandten des Pokerräubers zugelassen. Und überhaupt: Die ganze Aktion wurde ja gefilmt. Jede Bewegung des Mannes mit dem roten Blouson und den Lederslippern, den der Sicherheitsmann Roman im Schwitzkasten hatte, kann sich jeder Mensch ansehen. Es kommen dann noch hinzu: regelmäßiges Boxtraining, ausgerechnet beim Polizeisportverein, und letzte Absprachen mitten in der Öffentlichkeit, bei McDonald's nämlich, keine 50 Meter vom Tatort entfernt.

Zwei Wochen später gab es mehrere Hauptverdächtige: Am 15. März stellte sich Mehdi Z.* und verriet die Namen seiner Komplizen. Ein paar Tage darauf schnappte die Polizei bei einer zufälligen Kontrolle in Mitte Ibrahim F. Als Omar A. von seinem Fluchtziel Istanbul in Berlin-Tegel landete, nahm die Polizei ihn fest. Und kurz darauf auch Mohammed S., der offenbar lieber in Berlin als in Beirut im Gefängnis sitzen wollte.

Die Beute blieb verschollen. Die Hintermänner auch.

Wenn man den Männern ins Gesicht schaut, muss man an die Daltons denken. Nicht die echten, sondern die Comicfiguren von Lucky Luke.

Der Mann im linken Glaskäfig ist Jussuf Ch. Er ist ein enger Verwandter des bereits verurteilten Mohammed S., er ist ein junger Mann Ende 20, und soll den »Coup« mit eingefädelt haben.

---

* Alle abgekürzten Namen im Text wurden geändert.

*Der Mann im rechten Glaskäfig ist Amir J. Und er soll
der Drahtzieher des Überfalls sein?*

*Es ist Anfang Oktober 2010, der Prozess läuft seit Au-
gust. Davor waren »die trotteligen Vier« rechtskräftig
verurteilt worden. Nach nur zwei Wochen Verhand-
lung hatte die Jugendstrafkammer des Berliner Land-
gerichts das Urteil gefällt: Der Kronzeuge Mehdi Z.
bekam für schweren Raub und gefährliche Körperverletzung drei Jahre und neun Monate; die anderen drei
bekamen Jugendstrafen von je drei Jahren und sechs
Monaten Haft.*

*Für heute hat der Vorsitzende Richter einen besonderen
Zeugen aufgerufen. Er sagt zum Gerichtsbeamten: »Sie
können jetzt den Zeugen Michael Kuhr hereinholen.«*

*Die Männer in der ersten Reihe setzen sich auf, Span-
nung schießt in ihre muskulösen Körper. Amir, im rechten Glaskäfig, verändert zwar seine Haltung kaum – er
bleibt meist eingesunken und lächelt ab und an einigen
Besuchern zu. Doch auch er blickt nun zur Tür.*

*Die Männer in der ersten Reihe sind seine Brüder. Die
beiden alten Leute in der zweiten könnten die Eltern
sein. Die Familie J. kennt jeder B.Z.-Leser, jeder Polizist, halb Berlin und die ganze Berliner Unterwelt: Sie
sind eine der »arabischen Großfamilien« in Berlin. Es
gibt etwa 30 Großfamilien mit arabischer Herkunft in
Berlin. Strafrechtlich auffällig ist eine Handvoll Clans
von 50 bis mehr als 500 Mitgliedern, vorwiegend mit
libanesisch-kurdischem Hintergrund. Regelmäßig sind
sie in den Schlagzeilen. Sie sollen einen Großteil der
Unterwelt beherrschen. Mit Geschäften in Gastrono-
mie, Drogenhandel, Prostitution und Schutzgelderpressung, Sozialhilfebetrug, Immobilienhandel.*

Die Bild-Zeitung in Berlin widmete der Familie – unter einem Decknamen – eine ganze Seite und schrieb: »Von neun Kindern eines Clan-Elternpaares sind sechs polizeibekannt. Die drei Unbescholtenen sind Mädchen.« Kleiner Auszug aus dem Werdegang einiger Familienmitglieder:

Hasan: gilt als gewalttätig. Soll eine der Führungsfiguren sein. Bekannt, weil er mit einem Musiker Immobiliengeschäfte betreibt. Bild bringt Hasan in Zusammenhang mit Ermittlungen wegen Körperverletzung, Raub, Verstoß gegen das Waffengesetz, Beleidigung.

Fatih: soll Konsument harter Drogen sein. Ermittlungen wegen Freiheitsberaubung, Bedrohung, Betrug, gefährlicher Körperverletzung.

Hakim: gilt als Oberhaupt des Clans. Wegen Zuhälterei zu zehn Monaten auf Bewährung verurteilt. Ermittlungen wegen Körperverletzung, Raub, Schutzgelderpressung, Bildung einer bewaffneten Gruppe, Drogenhandel, Freiheitsberaubung, Bedrohung.

Karim: Ermittlungen wegen Körperverletzung, Beleidigung, Nötigung, Widerstand gegen Vollstreckungsbeamte. Spielt gern Fußball.

Und last but not least Amir: vor Gericht wegen vermuteter Planung des Pokerraubs. Ermittlungen wegen Körperverletzung, Freiheitsberaubung, Diebstahl, Beleidigung, Betrug.

Es geht hier also doch nicht um ein paar Flitzpiepen, die sich bei einem Pokerraub dämlich angestellt haben. Es geht um Gewalt. Und um Macht, sehr viel Macht. So viel mit rücksichtsloser Gewalt und dubiosen Geschäften erreichte Macht, dass manche von einer Mafia sprechen.

Auch weil sich keiner traut, gegen sie auszusagen. Au-
ßer …

Die Tür fliegt auf, und ein Mann tritt in den Saal. Er ist
klein und hat den Schädel rasiert. Er trägt einen grauen
Anzug und teure Schuhe. Später wird er über sich sa-
gen, er sei der berühmte »Sprechende Embryo«. Er ist
Berliner, er hat Humor. Aber jetzt sieht er nicht nach
Späßchen aus. Er schaut sehr ernst.

Er läuft durch die Tür, mit großen Schritten – und nicht
direkt zu dem Stuhl, auf dem die Zeugen Platz zu neh-
men haben, nahezu eingekeilt zwischen Richterpodest
und Glaskäfigen, flankiert von den besten Anwälten
der Stadt – und im Rücken »die Familie«. Er macht,
mit ausholenden Schritten und konzentriertem Blick,
einen Bogen und bleibt kurz vor den Besucherreihen
stehen. Und sieht sich die Leute an. Schaut ihnen lange
und direkt in die Augen. Es scheint, als würde er sich
die ihm noch unbekannten Gesichter einprägen. Als
wäre es der Einmarsch in einen Boxring, der Walk-in
des Kämpfers. In der Stille breitet sich der Geruch von
Adrenalin aus.

Dann erst geht er zum Zeugenstuhl und setzt sich.

Der Richter sagt: »Guten Tag, Herr Kuhr. Sie sind als
Zeuge geladen. Wie ist Ihr Vorname?«

»Michael.«

Oder auch Mike. Oder Ali. Aber das kommt später.

»Sie wohnen in …?«

»Berlin-Steglitz.«

»Was machen Sie beruflich?«

»Ich bin Leiter der Sicherheitsfirma Kuhr Security.«

Er war auch Weltmeister im Kickboxen, lang ist es her.
Und davor Postbote im Wedding, noch länger.

»*Ich muss Sie wie jeden Zeugen belehren, die Wahrheit zu sagen.*«

»*Ja, Herr Richter*«, sagt Michael Kuhr und wird nun die Familie, die ihm im Rücken sitzt, und ihr Mitglied im Glaskäfig in Schwierigkeiten bringen. Er wird gegen sie aussagen. Das ist mutig und gefährlich. Denn es gibt sogar Anwälte in dieser Stadt, die sich nicht trauen, die Opfer dieser Familie zu verteidigen.

»*Wie Sie wissen*«, sagt der Vorsitzende Richter in umgänglichem Ton, »*geht es hier um den Raubüberfall auf das Pokerturnier.*« Der Zeuge solle doch einfach mal erzählen, was er dazu zu sagen habe, bitte.

Michael Kuhr beugt sich zu seiner Tasche neben dem Stuhlbein und zieht ein Papier heraus.

»*Verehrter Vorsitzender*«, hebt er an, »*ich würde gerne mit meinen Schilderungen etwas weiter ausholen, damit meine gesamte Tätigkeit und auch einige Ungereimtheiten verständlicher wer…*«

»*Stopp! Einspruch.*«

Die Verteidiger finden das nicht rechtens. Ablesen geht nicht. Sie möchten die Unterlagen sehen, bevor Kuhr weiterspricht. Er beteuert, dass es sich bei diesen Notizen um eigene Ermittlungsnotizen handle, die er für seine Schilderungen für wichtig hält und die deswegen nicht vergessen werden dürften. Der Richter verkündet eine Pause. Danach heißt es, der Zeuge solle bitte frei sprechen und die Notizen umdrehen. Er dürfe das Papier nur behalten, wenn er den Anwälten eine Kopie davon überlasse. Kein Problem für Kuhr.

»*Ich bin seit 1982 im Sicherheitsgewerbe*«, beginnt Kuhr erneut, »*und habe 1994 die Kuhr Security GmbH gegründet. Wir sichern Clubs, aber auch große Veran-*

staltungen wie Bambi, Echo, die Leichtathletik-WM oder die Silvesterparty am Brandenburger Tor. Ich arbeite sehr offen und intensiv mit der Berliner Poli...«

»Halt, Einspruch!«

Der Verteidiger vor dem linken Glaskäfig, unter seiner Robe blitzt eine auffällige Halskette hervor, sagt, das sei hier keine PR-Veranstaltung. Der Verteidiger vor dem rechten Glaskäfig nickt heftig, und sein direkter Kollege, mit weit aufgeknöpftem, etwas zerknittertem Hemd, meint: Wie Herr Kuhr wurde, was er ist, das tue hier nichts zur Sache.

Von hinten, von den Zuschauerbänken, kann man nicht erkennen, ob der Zeuge jetzt die Brauen runzelt oder ob er grinst und wie er das findet. Denn wenn man ihn und seine Rolle kennt, weiß man: Es tut schon was zur Sache. Man versteht seine Rolle beim Pokerraub im Grunde kaum, wenn man nicht weiß, welche er sonst spielt: zwischen Unterwelt, Polizei und Society.

Jetzt aber könnte man fast meinen, der Zeuge wäre der Angeklagte. So scharf ist der Ton der Verteidiger. Und in dem geht es weiter.

»Jetzt erzählen Sie doch mal«, sagt der Richter, »was an jenem 6. März aus Ihrer Sicht geschah.«

»Ich bin um etwa 13 Uhr 30 von meinem Büro losgefahren, zur Spielbank. Die liegt neben dem Luxushotel, wo das Turnier stattfand. Es war der fünfte Tag des Turniers. Ich betreue mit meiner Sicherheitsfirma seit zehn Jahren die Spielbank, und dieses Jahr zum ersten Mal das EPT, das European Poker Tournament. Kurz nachdem ich mein Büro verlassen hatte und auf dem Weg zur Spielbank war, hatte ich einen Verkehrsunfall.«

»Wer war schuld?«

»Ich.«

Einer der Verteidiger runzelt übertrieben die Stirn, als ob es zu bedenken gelte, ob dieser Unfall etwa fingiert gewesen sei. Der Zeuge stockt.

Der Zeuge holt Luft und spricht weiter: »Durch den Unfall bin ich erst um circa drei Uhr am Hotel angekommen. Einer meiner Mitarbeiter rief an, um mir zu sagen, dass es einen Überfall gegeben hat. Das war vielleicht kurz vor halb drei. Als ich am Tatort eintraf, habe ich zuerst mal meine Mitarbeiter psychologisch aufgebaut. Sie haben mir alles genau erzählt.«

Was sie denn erzählt hätten, will einer der Verteidiger wissen.

»Dass vier Männer den Vorraum gestürmt haben und dass Roman, mein Mitarbeiter, ein Schrank von einem Mann, sich denen in den Weg gestellt hat und beinahe mit der Machete eins auf den Kopf bekommen hätte. Das ist ganz schön mutig, also ich muss mal sagen: Der Roman ist 'ne coole Sau.«

Der Richter grinst, auch der Anwalt mit der auffälligen Halskette, der sonst öfter mal Rocker der Hells Angels verteidigt. Die Übrigen nicht. Ein unterdrückter Lacher kommt aus der ersten Besucherreihe.

»Meine Mitarbeiter waren psychisch fertig. Ich habe sie also aufgebaut. Und dann habe ich meine eigenen Ermittlungen begonnen.«

»Warum denn eigene Ermittlungen?«, will ein Verteidiger wissen.

»Ich hatte einen Ruf zu verlieren. Ich bin für die Sicherheit dieses Turniers zuständig gewesen, und es wurde überfallen. Und ich hatte einen Verdacht.«

17

»Zum Verdacht kommen wir gleich«, sagt der Richter. Der Angeklagte im rechten Glaskasten, Amir, schaut jetzt wieder in seine Hände. Aber wie sei denn das Turnier eigentlich gesichert gewesen? Auf Deutsch: Wie konnte das passieren?

»Im Fall des Pokerturniers von Berlin sind wir als reiner Dienstleister aufgetreten. Das heißt, meine Firma hat wunschgemäß fünf unbewaffnete Securitys zur Verfügung gestellt. Die Spielbank lehnte den Einsatz von Waffen ab, und zwar aus einem einfachen Grund: Im Falle eines Überfalls ist der Verlust von Werten dem Verlust von Menschenleben vorzuziehen. Das Konzept der Spielbank ist ganz klar: Leben vor Geld. Dieser Meinung bin ich auch, ganz entschieden.«

»Sie sind Waffenträger?«, fragt der Richter.

»Ja, ich bin berechtigt zum ständigen Tragen einer Schusswaffe. Das mache ich auch, wenn ich nachts in der Stadt auf meiner Tour bin.«

»Sie haben auch an jenem 6. März eine Waffe getragen?«

»Ja, ich trug eine Schusswaffe bei mir und habe damit auch die Geldtransporte überwacht.«

Wie das mit dem Geldtransport gelaufen sei, fragt der Richter. Der Verteidiger aber will erst noch wissen, wie die fünf Sicherheitsleute postiert waren. Und warum fünf?

»Die Positionen waren so verteilt, dass ein Überfall niemals erfolgreich durchgeführt werden konnte, ohne dass die Männer danach geschnappt werden würden. Einige waren im Hotel, andere hielten sich teilweise innen, teilweise außen auf. Die Schwachstelle war der Geldtransport vom Ausgang des Hotels rüber zur Spiel-

bank. Darauf waren wir entsprechend vorbereitet.
Wenn das Geld transportiert werden musste, vom Hotel
rüber zur Spielbank, haben das ein bis zwei Leute gemacht. Und ich war immer dabei. Verdeckt. Der Geldtransport hat also immer nur stattgefunden, wenn ich
persönlich vor Ort war.«

»Warum war der Tresor offen?«, fragt ein Verteidiger.
Ein Tresor sei doch dafür da, dass man ihn schließt.

»Natürlich ist der Tresor zum Schließen gemacht«, sagt
der Zeuge, »aber Poker ist nun mal Show, die Leute
wollen Cash sehen. Das Geld war aber durch genug
Manpower geschützt. Und keiner von uns hätte es für
möglich gehalten, dass man auf die dumme Idee kommen könnte, den Tresor im Vorraum zu stürmen.«

»Ach nein?«

»Dass maskierte Leute durch die von Kameras über-
wachte Hotellobby die Treppen hoch in den Vorraum
stürmen würden, um an den Tresor und das Geld zu
kommen, hatten wir für so gut wie ausgeschlossen gehalten. Die Wahrscheinlichkeit, dass man dann von der
Polizei gefasst werden würde, war viel zu groß! Auf
dem Potsdamer Platz befinden sich sehr viele Videokameras. Da kann man sich kaum unbemerkt bewegen. Das Luxushotel am Potsdamer Platz ist eines der
sichersten Hotels in Berlin. Im Check-in-Bereich waren
immer viele Menschen: Besucher und meine Mitarbeiter. Vor dem Tresor haben wir zur Abschreckung einen
Baum von Mann positioniert, den konnte man nicht
übersehen. Im Normalfall ist die Polizei nach unserer
Erfahrung in der Spielbank innerhalb von drei Minuten vor Ort. Im Check-in und im Spielsaal waren mehr
als 15 Pressevertreter: Fotografen, Kameraleute, Blog-

ger mit Fotokameras, Videokameras, Steadycams mit Liveschaltungen ins Internet. Die erste Etage, wo das Turnier stattfand, war voller Kameras. Dagegen ist der Big-Brother-Container nichts. Dass man da früher oder später von der Polizei gefasst werden würde, war fast hundertprozentig klar. Wir hätten nicht gedacht, dass da einer reinrennen würde, um an das Geld zu kommen. Aber nachdem das passiert ist, weiß man: Man hätte auch in Erwägung ziehen sollen, dass man einen Überfall plant, um jahrelang Urlaub im Knast zu machen. Und zu guter Letzt möchte ich nicht unerwähnt lassen, dass unsere Security-Mitarbeiter bei einem bewaffneten Raubüberfall 80 Prozent des Geldes unseres Auftraggebers sichern konnten, ohne dass dadurch weitere Personen zu Schaden gekommen sind.«

Verteidiger, Richter und Staatsanwalt schweigen. Es ist still im Saal. Dann sagt der Vorsitzende Richter: »Sie hatten also einen Verdacht? Wie kamen Sie denn darauf?«

Einer der Verteidiger hebt den Finger, er möchte erst noch mal wissen, weshalb der Zeuge überhaupt begonnen hat, selbst zu ermitteln. Das macht doch eigentlich die Polizei.

»Ich habe noch am Samstagabend begonnen, mich in der Szene umzuhören, um Hinweise und Informationen zu bekommen, die zur Aufklärung des Raubs nützlich sein könnten. Mir war wichtig, dass der Fall geklärt würde, auch um herauszufinden, ob jemand von uns einen Fehler gemacht hat. Es gab dann auch das Gerücht, dass ein Mitarbeiter – des Hotels oder sogar einer von meinen Sicherheitsleuten – mit dem Überfall zu tun haben könnte. Als Tippgeber zum Beispiel, der das

Startzeichen gegeben haben könnte. Das ging ja sogar so weit, dass man mir was in die Schuhe schieben wollte. Weil ich diesen Unfall hatte und nicht vor Ort war. Als wäre das geplant gewesen. Und da habe ich nicht nur helfen wollen, die Sache aufzuklären, ich habe sogar eine Summe von 20 000 Euro ausgesetzt, für denjenigen, der mir beweist, dass es einer meiner Männer war. Also habe ich vom 6. März an über mehrere Wochen in regelmäßigem Kontakt mit der Polizei gestanden und über alle meine Ermittlungsergebnisse der verantwortlichen Ermittlungsstelle beim LKA berichtet.«

»Sie haben regelmäßig mit den Beamten telefoniert?«, fragt der Verteidiger mit der Halskette.

»Ja.«

»Einmal die Woche, mehrmals, täglich?«

»Manchmal mehrmals am Tag.«

»Deren Nummern haben Sie?«

»Ja klar. Ich spreche auch sonst fast täglich mit der Polizei.«

»Verfassen Sie auch schriftliche Berichte für die Polizei?«

»Nein.«

»Nie?«

»Nein.«

»Könnte ja sein«, sagt der Verteidiger links, und seine Blicke treffen die des ihm gegenüber Sitzenden.

Könnte ja sein, dass der Zeuge als V-Mann für die Polizei arbeitet. Und undercover Informationen aus der Szene verrät?

»Ich arbeite, wie ich anfangs sagen wollte, seit Mitte der Neunziger intensiv und offen mit der Polizei zusammen. Dafür bin ich deutschlandweit bekannt.«

21

»Jetzt zu Ihrem Verdacht, Herr Kuhr, wie kamen Sie darauf?«, sagt der Richter freundlich.

»Ich habe mir am Sonntag nach dem Überfall das Video im Internet angeschaut. Bei YouTube kann man ja sehen, wie das im Vorraum ablief. Und da sah ich, wie eine mir bekannte Person im Vorraum steht und das Ganze beobachtet. Es war Amir J. Ich habe meine Mitarbeiter auf ihn angesprochen, und sie sagten, sie hätten ihn auch dort gesehen, öfter, und er habe dabei telefoniert.«

»Woher kennen Sie ihn?«, fragt ein Verteidiger.

»Aus dem Nachtleben. Er verkehrt in den Clubs, die ich betreue. Daher kenne ich ihn und seine Brüder schon lange. Ich sehe sie häufig auch im Adagio, das ist ein großer Club am Potsdamer Platz. Außerdem ist er oft in der Spielbank. Sein Bruder auch. Und er war jeden Tag auf dem Pokerturnier und hat gespielt. Ich wollte ihn anrufen, aber die Polizei meinte, ich solle das Treffen dem Zufall überlassen.«

»Sie wollten ihn anrufen?«

»Ja.«

»Woher haben Sie denn seine Nummer?«

»Ich kenne ihn eben schon lange. Und ich wollte mit ihm und seinem Bruder reden. Das ist dann auch geschehen. Am 13. März, also eine Woche nach dem Überfall, kam Amir zu uns ins Adagio. Er ist da meistens im VIP-Bereich. Ich habe ihn direkt auf den Überfall angesprochen. Ich habe ihn gefragt, warum er exakt während des Überfalls im Vorraum stand und telefonierte. Er sagte, er habe im Pokerraum einen Anruf bekommen und ungestört telefonieren wollen. Also sei er raus in den Vorraum gegangen. Dann habe ich ihn gefragt, warum er meinen Mitarbeitern nicht geholfen hat. Immerhin kennen wir uns. Ich würde ihm ja auch in einer Notsituation helfen. Er sagte, es sei ihm zu gefährlich gewesen, er wollte nicht den Helden spielen, gegenüber Leuten mit langen Messern und Pistolen. Das hat mich schon gewundert. Dass ein Azubi und meine Leute mehr Mut hatten. Er schwor dann beim Leben seines Kindes, dass er mit dem Überfall nichts zu tun habe. Und er meinte, ich würde ja seine ganze Familie kennen, schon deswegen würde er bei so was nicht mitmachen. Damit war unser Gespräch beendet. Dann fiel bei meinen Ermittlungen in diesen Tagen immer wieder der Name Yassi.«

»Wo fiel dieser Name?«

»Ich bin an den Wochenenden viel in den Clubs, Bars und auf Partys unterwegs. Ich schaue nach dem Rechten und höre mich nach Neuigkeiten um. Ich kenne viele Leute, und nach dem Pokerüberfall waren alle besonders aufgewühlt. Jeder wollte was dazu sagen. Yassi kenne ich gut. Er hat vor einigen Jahren einen Raubüberfall begangen, dafür war er im Gefängnis. Also rief ich seinen Onkel an, den ich noch sehr gut aus alten Sportlerzeiten kenne, wir haben zusammen trainiert. Er sagte, Yassi sei es nicht gewesen. Er habe ein einwandfreies Alibi. Aber der Name fiel immer wieder. Also habe ich ihn direkt angesprochen. Er sagte, er sei es nicht gewesen. Man würde versuchen, ihm den Überfall in die Schuhe zu schieben. Für den Fall, dass er verhaftet werden würde, hätte er einen Zettel in seiner Wohnung versteckt. Darauf stünden die Namen der Leute, von denen er gehört habe, dass sie den Überfall geplant hätten. Ich habe ihm trotzdem Hausverbot erteilt, für all die Clubs und Veranstaltungen, die ich betreue. Bis zu dem Zeitpunkt, zu dem seine Unschuld bewiesen wäre.

Am Freitag, den 12. März, wurde er verhaftet. Der Polizei sagte er, er wolle nur mit mir reden, um mir den Zettel mit den sechs Namen zukommen zu lassen. Damit wollte er beweisen, dass er mit der Sache nichts zu tun hat. Aber natürlich sprach ich nicht mit ihm – was der Staatsanwalt mir auch untersagt hatte. Am gleichen Tag noch wurde er entlassen – und ich bekam bei einer Zeugenvernehmung die sechs Namen von der Kripo vorgelesen. Es waren: Mehdi, Ibrahim, Omar, Mohammed, Sinan, Karim. Karim ist ein Bruder von Amir.

Am Freitag, den 19. März, also zwei Wochen nach dem Überfall, habe ich Amir wieder zufällig getroffen, vor der Spielbank. Ich sagte ihm, dass sein Name im Zusammenhang mit dem Pokerraub immer wieder falle, und fragte ihn, warum er nicht selber ermittle. Er antwortete, das täte er, aber er bekomme keine brauchbaren Infos. Mittlerweile konnte man die Gesichter der Verdächtigen in jeder Berliner Zeitung sehen. Ich fragte ihn, ob er die Leute kenne. Er sagte: Ich kenne keinen von ihnen. Ich habe das Gespräch beendet, weil ich das Gefühl hatte, er lügt. Einen Tag später habe ich mich mit dem großen Bruder von Amir und Karim getroffen. Er heißt Hakim und ist für mich das Familienoberhaupt. Ich wollte von ihm wissen, was er über die Sache denkt. Er sagte, er würde seinen Brüdern glauben. Falls sich aber herausstellen sollte, dass sie an dem Raub beteiligt gewesen sein sollten, dann müssten sie ihre gerechte Strafe bekommen. Er hätte aber auch gehört, dass ein Mitarbeiter meiner Firma in den Überfall verstrickt gewesen sei.«

»In den Akten haben wir eine SMS«, sagt der Richter dann, »die Sie dem Angeklagten – Amir – geschrieben haben. Da heißt es: ›Lieber Amir, nach unserem Meeting im Adagio hast du weiter Hausverbot, es wird nur aufgehoben, wenn ich mich persönlich für dich verbürge. Und das tue ich auf gar keinen Fall. Liebe Grüße, Ali Kuhr.‹ – Das sind Sie?«

»Das habe ich geschrieben.«

»Ali?«

»Das ist mein Spitzname in der Szene. Weil ich mit vielen Ausländern befreundet bin. Ali Kuhr, das bin ich.«

»Und Sie haben die alle in Ihrem Adressbuch?«

»In meinem Handy. Ich sehe sofort, wer anruft.«

»Sie erkennen jede Nummer?«

»Nein, ich kenne jeden Namen. Und ich speichere mir jeden Anruf. Von all den Leuten aus der Unterwelt. Aber auch so.«

»Und die rufen Sie an.«

»Die rufen mich an, wenn sie in meine Clubs reinwollen.«

»Aha. Sie haben die Telefonnummern der Unterwelt.« Der Verteidiger macht eine Pause, als müsste er wirklich nachdenken. Wie kann es so was geben? Er legt den Kopf schief und sieht den Zeugen prüfend an. Als wollte er sagen: Das müssen Sie mir jetzt aber wirklich mal erklären.

NICHT AUS JEDEM JUNGEN
WIRD EIN FUSSBALLPROFI

Das will ich gerne tun: erzählen und erklären. Wie ich wurde, wer ich bin.

Sonst versteht man meine Rolle nicht: zwischen Unterwelt, Polizei und High Society. Den Job als Türsteher und Bodyguard. Warum mir mein guter Ruf wichtig ist. Ich bin unabhängig von Großfamilien, Rockerbanden, großen und kleinen Verbrechern. Das ist in meinem Beruf extrem selten. Und darauf bin ich extrem stolz.

Wo soll ich anfangen? Wie ich Weltmeister wurde? Oder Türsteher? Das Gefühl, Superstars wie Leonardo DiCaprio oder Lady Gaga zu beschützen? Als Muhammad Ali an meinem Ohr gezuppelt hat? Oder die erste blutige Nase? – Damit fange ich an.

Ich bin im Wedding groß geworden, im Norden Berlins. In meiner Kindheit sprach man noch nicht von sogenannten »Problembezirken«. Damals gab es noch nicht diese Klischees, die man heute Neukölln, Wedding oder Kreuzberg zuschreibt.

Wäre es nach meinem Vater gegangen, hätte ich Fußballstar werden sollen. Er hat mich praktisch gezwungen, Fußball zu spielen. Ich fand es langweilig. Aber er schleifte mich in eine Halle, zu dem Zeitpunkt war ich sechs oder sieben.

Vieles aus meiner Kindheit ist verblasst, weg, verschwommen. Aber an meine erste blutige Nase erinnere ich mich sehr gut. Ich stand am Spielfeldrand und redete mit jemandem. Plötzlich knallte der Ball an meinen Kopf. Ich hatte überhaupt nicht damit gerechnet. Das war ein Schock, und von diesem Moment an war es aus mit meiner Fußballerkarriere.

Danach hatte ich sogar Angst vor einem Ball. Vor einem Ball! Das klingt vielleicht komisch: Ein Typ, der sechsfacher Kickboxweltmeister ist und andere beschützt, hatte Angst vor einem Ball. Aber Angst an sich ist im Grunde nicht schlimm. Angst hat jeder mal. Der eine kann sie eben mehr, der andere weniger gut kontrollieren. Ich brauche die Kontrolle. Kontrolle gibt mir Sicherheit.

Eigentlich habe ich mich gut mit meinem Vater verstanden. Er arbeitete bei den Berliner Verkehrsbetrieben, als Zugabfertiger bei der U-Bahn. Zugabfertiger sind diejenigen, die am Gleis in einem Häuschen stehen und den Zug durchwinken. Zum Schluss war er Pförtner bei den Kabelwerken in Berlin-Tegel.

Uns verband eine gemeinsame Leidenschaft: Minigolf. Wir gingen oft zusammen auf den Minigolfplatz. An guten Tagen lochten wir auf einem Parcours mit 18 Spielfeldern mit 18 Schlägen ein. Wir waren echt gut, fast schon Profis. Wenn es mal nicht so gut lief, brauchten wir 20 bis 24 Schläge. Aber damit lagen wir meistens immer noch weit vor allen anderen, die mit uns spielten. Wir hatten sogar unsere eigenen Schläger und Bälle. Und wenn ich heute mal in den Urlaub fahre und dort eine Minigolfbahn sehe, weiß jeder, wo er mich finden wird.

Meine Mutter, von Beruf Schneiderin, hat sich von meinem Vater getrennt, als ich ungefähr zwölf war. Ich bin auch geschieden, meine Exfrau bringt ihre Hosen heute noch manchmal bei meiner Mutter vorbei, obwohl sie längst in Rente ist. Nach meinem Vater hatte sie einen neuen Lebensgefährten, den hat sie später auch geheiratet. Ein super Typ. Er war bei der »Mülle«, wie wir in Berlin früher gesagt haben; heute arbeitest du »bei der BSR«, der Berliner Stadtreinigung. Nebenbei war er als Hobby-Masseur tätig. Radrennfahrer des Berliner Sechstagerennens waren bei ihm in guten Händen, und ich dann später auch.

Der neue Mann meiner Mutter kam von der Straße, ein harter Typ. Ein echter Straßenjunge, aber mit weichem Herz. Er war ein Fan von mir und überall dabei. Bei all meinen Profikämpfen hat er mich massiert, allein seine Anwesenheit hat mich bestärkt und mir Rückhalt gegeben. Kein unwesentlicher Faktor, wenn man in den Ring steigt und weiß, egal, was passiert, da ist jemand, der trägt dich notfalls auch nach Hause. Aber er war auch streng. Nicht, dass er mich bestraft hätte, er war eher beleidigt und bockig, wenn ihm etwas nicht passte. Er forderte immer strenge Disziplin. Und er war eine Erscheinung: groß und dick, ein Bud-Spencer-Typ. Aufbrausend, aber niemals handgreiflich. Eines Tages, 1991, ist er auf dem Sofa eingeschlafen und einfach nicht mehr aufgewacht – Herzversagen. Ich brauchte eine Weile, um mich von diesem Verlust zu erholen.

Meine Schwester ist auf den Tag genau zwei Jahre älter als ich. Wir haben beide am 26. Februar Geburtstag. Sie hat Bäckerei-Gewerbegehilfin gelernt, ist jetzt aber Erste Hauptwachtmeisterin beim Familiengericht. Nach der Trennung unserer Eltern wohnten wir beide bei meinem Vater in der Seestraße, auch im Wedding.

Allerdings habe ich kaum noch Bilder aus meiner Kindheit im Kopf. Vielleicht, weil alles, was danach kam, so intensiv war? Ich erinnere mich nur daran, wie wir Kinder uns immer im Hinterhof getroffen haben. Dort dachten wir uns irgendwelche Abenteuer aus, um unseren Mut auf die Probe zu stellen. Auf Bäume klettern, von einem Ast zum anderen hangeln, auf Müllhausdächer springen. Je höher, desto besser. Wenn ich heute so drüber nachdenke, wundert es mich, dass ich mir nicht die Knochen gebrochen habe.

Ich lebe schon seit 1986 nicht mehr im Wedding, aber manchmal fahre ich noch in meinem alten Viertel vorbei. Neben dem Haus, in dem damals unsere Wohnung war, steht eine Kirche, die Kapernaumkirche. Da habe ich 1986, mit 24, geheiratet. Meine Hochzeitsfeier ist bis heute eine der besten Partys, die ich je erlebt habe.

In der Nähe der Seestraße wohnte auch mein bester Kumpel, Ivan, dessen Eltern aus Jugoslawien stammten. Ivan war immer der Schlaueste von uns allen, worauf sogar die Mädels standen. Ein absoluter Don Juan! Nach der Schule hat er Sport studiert, und heute betreibt er einen Computerfachhandel. Ein dufte Typ, wir sind bis heute befreundet. Wann immer ich Hilfe in privater Angelegenheit benötige, ist er meine erste Anlaufstelle.

Meine erste Jugendsünde beging ich mit neun Jahren. Wieder so eine Mutprobe unter halbstarken Jungs. In der Mitte der Seestraße war ein breiter Grünstreifen mit Straßenbahnschienen dazwischen. Hier gab es einmal eine Baustelle, wo ich mit meinem damaligen Kumpel Thomas einbrach. Wir klauten herumliegende Pfandflaschen, um sie anschließend einzulösen. Beim zweiten Mal wurden wir dann erwischt. Da haben mir ganz schön die Knie geschlottert, und ich habe die Aktion sofort bereut.

Und natürlich habe ich nicht immer zu den »bösen Jungs« gehört. Einmal war ich in einer Situation, an die ich später, als durchtrainierter Kickboxer, noch oft denken würde. Denn erst durch meinen Sport habe ich gelernt, wie man sich gegen Stärkere zur Wehr setzt. Ich war ungefähr 14 und stand mit einem Kumpel in der Schultoilette. Wir wuschen uns gerade die Hände und lachten über irgendwas. Ein für Auseinandersetzungen bekannter Junge, der viel älter war als ich, kam ebenfalls zur Toilette herein. Ohne jeden Grund schlug er mir auf den Hinterkopf, so dass ich gegen den Spiegel krachte und der zerbrach. Ich fragte ihn, warum er mich einfach so schlägt? Seine Antwort: Wir hätten über ihn gelacht, und ob ich denn nicht wüsste, wer er sei.

Ich war noch zu jung und unerfahren, um mich sofort zu wehren. Diese Situation geisterte jahrelang in meinem Kopf herum und ließ mich nicht in Ruhe. Es ärgerte mich, dass solche Typen einfach daherkamen und andere grundlos schikanierten. Außerdem war ich von mir selber irgendwie enttäuscht, dass ich so hilflos dagestanden und nichts getan hatte.

Aber wie sagt man so schön: Man sieht sich immer zweimal im Leben! Jahre später, ich war 21 und Türsteher, kam genau dieser Typ eines Abends zu uns in die

Disco. »Zufällig« traf ich ihn auf dem Parkplatz. Ich hielt ihn an und fragte: »Weißt du noch, wer ich bin?« »Nein«, antwortete er.

»Ich war der kleine Junge, den du damals auf dem Klo in der Schule verprügelt hast. Von hinten.«

Er lachte und sagte nur: »Kann sein, hab mich früher öfter geprügelt.«

Rums. Ich schlug ihn nieder. Danach ging es mir besser. Die alte Last war weg. Es war mir ein innerliches Bedürfnis. Zugegeben, das war keine rühmliche Tat, aber der Zusammenstoß auf dem Schulklo hatte ein paar ordentliche Kratzer auf meinem Ego hinterlassen. Nun hatte ich endlich meine Genugtuung, dachte ich. Heute würde ich jedem dazu raten, Konflikte dieser Art zu vermeiden oder zumindest verbal zu klären. Auch wenn der Typ es nicht anders verdient hatte.

Mit zwölf gab es dann noch ein entscheidendes Erlebnis in meinem Leben. Ein Kumpel lud mich ins Kino ein, wo ich zum ersten Mal einen Film mit Bruce Lee sah. Dieser Film hat mich so richtig fasziniert. Ich kam aus dem Kino raus und dachte: So kämpfen wie der, das will ich auch. Man kann sich das heute nicht mehr vorstellen, aber damals war diese asiatische Kampfkunst etwas völlig Neues und Fremdes. Die Beherrschung des Körpers, diese Schönheit, die Kraft, die Disziplin. Das hat mich total beeindruckt.

Ein paar Blocks von mir entfernt gab es einen Kampfsportverein. Da bin ich hin und wollte beitreten. Aber mein Vater war dagegen. Er sagte: »Wenn du so kämpfen lernst, bist du vielleicht noch irgendwann stärker als ich und verprügelst mich dann.« Keine Ahnung, wie er auf so einen dummen Gedanken kommen konnte. Ich habe noch nie zu Gewalt geneigt. Aber es war ihm irgendwie suspekt. Letztlich konnte ich dann meine Mutter überreden, den Vereinsbeitritt zu unterschreiben.

Mit zwölf fing ich zunächst mit Judo an. Das ist bei Kindern heute noch üblich, denn bei dieser Sportart gibt es keine Schläge oder Tritte. Judo dient der Abwehr von Angriffen, wobei man sich mit möglichst wenig Aufwand durch Würfe und Hebel verteidigt. Das habe ich richtig gern gemacht. Ich hatte die Technik schnell verinnerlicht und schlug meine Gegner meistens. Taekwondo oder Karate durfte man erst ab 16 Jahren machen, es sei denn, die Eltern haben eine Ausnahmegenehmigung unterschrieben. Und Kickboxen, so wie es heute ist, gab es zu meiner Anfangszeit noch gar nicht. Damals hieß es »All-Style-Karate«. Hier durfte ich mit 14 das erste Mal an einem Training teilnehmen. Klar, Judo war schon echt cool, aber All-Style-Karate war der Hammer. Logisch, dass ich meine Eltern so lange genervt habe, bis ich die Genehmigung in der Tasche hatte.

Ich war ehrgeizig, immer schon. Im Training war ich immer der Musterschüler. Wenn ich etwas wirklich wollte, habe ich mich so lange gequält, bis es endlich erreicht war. Aber ich hatte natürlich auch meine Schwächen. Ich konnte nicht verlieren und habe vor Wut geflennt, wenn ich es doch tat. Sogar wenn der Gegner zwei Köpfe größer war als ich. Meinen ersten Vollkontaktkampf hatte ich mit 15. Der Gegner war viel älter als ich. Als er vor mir stand, war ich geschockt. Ich glaube, unbewusst habe ich um mein Leben gekämpft. Nach dem Kampf konnte ich mich an nichts erinnern. Ich sah nur, dass der andere völlig verbeult war. Zum ersten Mal hatte ich aus Angst gekämpft, aus Angst gewonnen.

So mit 15 oder 16 merkte ich dann auch, welche Vorteile mein Sport im Alltag brachte. Es war an einem Abend, als ich mal wieder mit der U-Bahn vom Training nach Hause fuhr. Ich hatte meine Sporttasche über die Schulter gehängt und war richtig groggy und müde. Der U-Bahn-Zug fuhr gerade in die Station Seestraße ein, als ich bemerkte, wie zwei Mädchen von zwei Typen belästigt wurden. Zufällig stiegen die beiden Mädchen auch aus, und so sprachen sie mich an. Sie würden verfolgt, und ob ich sie nach Hause begleiten könne. Wir hatten denselben Weg, also war es kein Problem. Kurz darauf stoppten die Typen uns. Einer wollte dem größeren Mädchen direkt an die Wäsche. Sie wehrte sich natürlich und schrie: »Lasst uns in Ruhe! Wir wollen von euch nichts wissen!«

Zu mir meinte der andere nur: »Verpiss dich!« Noch während er sprach, holte er plötzlich aus, um mich zu schlagen. So ein richtig linker Fünfziger! Bevor er auch nur darüber nachdenken konnte, traf ich ihn mit dem Fuß am Kopf. Er fiel einfach um, und sein vermeintlicher Freund bekam es mit der Angst und rannte weg.

Ich hatte die Mädchen geschützt. Ich war im Recht. Der Schutz anderer war mir wohl schon immer wichtig. Heute sind solche Übergriffe noch skrupelloser und direkter. Ohne Ankündigung, ohne Grund, einfach so, aus Frust und Langeweile.

Diese Situation damals gab mir so einen richtigen Schub Selbstbewusstsein: das Wissen, dass man sich wehren kann, wenn man angegriffen wird. Einfach genial! Ich fühlte mich wie Batman, der immer den Schwächeren half. Ich habe damals alle Hefte der Marvel-Comics und die Superman-Hefte gesammelt. Nicht eines hat gefehlt. Ich hatte die komplette Sammlung von der ersten deutschen Ausgabe an. Und nun war ich einer von ihnen. Jedenfalls fühlte ich mich in diesem Moment so!

Ein paar Jahre später, ich arbeitete schon bei der Post, wurde sogar ich selbst überfallen. Es waren drei Typen, die wohl dachten, ich wäre ein Geldbriefträger. Eine Zeitlang wurden die Geldbriefträger in Berlin sehr oft überfallen, denn sie zahlten am Ende eines Monats den älteren Leuten die Rente aus.
Ich war auf dem Weg zur Arbeit und angezogen, wie ein Briefträger eben angezogen ist. An diesem Tag kamen mir drei Betrunkene entgegen. Sie fragten mich, ob ich Geld dabeihabe? »Nee, hab kein Geld«, war meine knappe Antwort. Leider gaben sie sich damit nicht zufrieden. Sie umstellten mich und fingen an, mich zu schubsen. Als der Erste versuchte, mir die Geldbörse aus der Brusttasche meiner Jacke zu holen, wehrte ich mich. Ich verpasste ihm eine mit dem Ellenbogen. Dann kam der andere und wollte ebenfalls meine Geldbörse stehlen. Ich hatte zu seinem Unglück sehr stabile Stiefel an, mit denen ich ihm dann voll gegen den Kopf getreten habe. Mann, hat der geblutet! Als der Dritte ein Messer ziehen wollte, trat ich ihn mit einem Sprungkick meterweise nach hinten.
Das ging alles ganz automatisch. Es schien, als hätte sich mein Körper gewehrt, ohne dass ich dabei groß-

artig nachdenken musste. Klar, ich stand wahrscheinlich total unter Adrenalin. Aber ich war hinterher selber perplex, wie der Körper sozusagen in Notsituationen einfach nur noch »funktioniert« und das Erlernte automatisch anwendet. Wer jahrzehntelang Kampfsport betreibt, ist eigentlich eine Kampfmaschine. Deshalb finde ich es besonders wichtig, dass die Trainer sich ihre Schüler aussuchen und darauf achten, wem sie etwas beibringen. Vielleicht wäre es nicht so falsch, sich auch mal von den Leuten, die Kampfsport erlernen wollen, ein Führungszeugnis zeigen zu lassen.

Mein morgendliches Erlebnis mit den drei Betrunkenen stand jedenfalls am nächsten Tag ganz groß als Schlagzeile in der *Bild*-Zeitung: »Skinheads überfielen Weltmeister – das war ihr Pech«.

Seit ich zwölf war, bestand mein Alltag aus Lernen und Training, jeden Tag mehrere Stunden. Als ich mit der Schule fertig war, kümmerte sich mein Trainer Peter Blankenburg wie ein Ziehpapa um mich und schlug mir einen Beruf vor. Meine Eltern hatten großes Vertrauen in ihn, so dass er wichtige Entscheidungen in meinem Leben mit beeinflussen konnte. Er wollte einen Beruf für mich, der mir nebenbei noch viel Zeit zum Training und für Kämpfe ließ. Er selbst war Beamter, beim Bezirksamt. Ich wollte eigentlich zur Polizei, doch ich wurde nicht genommen. Nicht weil ich mit 1,67 Meter zu klein war, sondern weil sie in meinem Abschlussjahrgang 1978 nur Leute mit Realschulabschluss aufnahmen. Ich hatte nur die zehnte Klasse Hauptschule. Ein Jahr später wäre es dann wieder gegangen.

Mein Traumberuf war eigentlich SEK-Beamter. In Spezialeinsatzkommandos ist man für gefährliche Einsätze ausgebildet: für Geiselnahmen, für die Terrorbekämpfung. Aber was ich jetzt mache, ist in gewisser Weise ähnlich – nur eben für Privatleute und nicht als Polizist. Hoffentlich nimmt mir das SEK diese Einschätzung jetzt nicht krumm.

Peter Blankenburg hatte also einen Beruf für mich auserwählt, und so begann ich meine Ausbildung zum Postzusteller. Nicht gerade mein Traumjob, aber er sollte mir immer genügend Freizeit bieten, um mich meinem Training widmen zu können. Das war mir wichtig. Trotzdem legte ich mich während meiner Ausbildung mächtig ins Zeug und büffelte ausnahmsweise mal mehr, als zu trainieren. Ich wollte unbedingt mit einer Eins abschließen. Das habe ich auch geschafft. Der Spruch »Lehrjahre sind keine Herrenjahre« traf auf mich voll zu. Dafür verspielte ich aber meinen ersten deutschen Meistertitel. Durch das viele Lernen konnte ich mich nicht immer optimal auf meine Wettkämpfe vorbereiten. Also musste ich mich zwangsläufig damit anfreunden, auch mal Niederlagen einzustecken. Aber auch das war eine wichtige Erfahrung. Sie bestärkte mich umso mehr, später dann richtig durchzustarten.

Als Postbote war ich täglich ab 5 Uhr früh auf den Beinen. Morgens im Postamt holte ich die Briefe aus den Kisten zu meinem Arbeitsplatz und fächerte sie per Hand ein, denn damals gab es noch keine Maschinen dafür. Ich hatte zum Beispiel die Seestraße 1 bis 60 und musste jedes Haus einzeln einfächern. Dann nahm ich die einzelnen Hausnummern heraus und beschriftete sie: Vorderhaus, Seitenflügel beziehungsweise quer, Hinterhaus und das Stockwerk.

VH 3 oder HH 4: Das sind so die Lieblingsadressen von Postboten. Früher musste man ja noch fast immer hoch zur Wohnungstür und die Briefe dort einwerfen. Treppe hoch, Treppe runter. Heute hängen die Briefkästen im Hauseingang. Damit man sich nicht die Hacken wundlief, beschriftete man eben alles vorher entsprechend.

Als ich mit dem Job anfing, wusste ich auch noch nicht, wer wo wohnt. Also musste ich im Mieterbuch nachschauen, wo jeder registriert war. Mit der Zeit konnte ich das auswendig: Müller VH 3, Meier HH 4, Schulze quer 2. Zu der Zeit standen an den Klingelschildern im Wedding noch fast überall deutsche Namen. Heute ist das in meinem ehemaligen Zustellbereich wohl nicht mehr so, in dem »Problembezirk« wohnen jetzt überwiegend Menschen mit ausländischen Namen. So um acht war ich dann mit dem Sortieren fertig, so dass ich mir meine Postkarre schnappen konnte.

Mit der Zeit hat mir meine Arbeit dann irgendwie doch richtig Spaß gemacht. Zum einen war ich früh fertig, so um 10.30 Uhr meistens. Zum anderen traf ich immer jemanden, der ein freundliches Wort für mich übrighatte. Das Muttchen grüßte nett. Dem Omachen trug ich schon mal den Müll runter, und gelegentlich bekam ich auch mal ein Trinkgeld. Ich würde meinen, dass ich recht beliebt war in meinem Zustellbereich. Die Post war immer früher im Briefkasten als bei anderen Postboten, und einige kannten meine sportliche Laufbahn, was oft zu kurzen Gesprächen führte. Es war wirklich nett mit den Leuten, und ganz ehrlich: Manchmal vermisse ich meinen alten Job sogar.

Natürlich war es manchmal auch hart, vor allem, weil man eigentlich immer laufen musste. Ich hatte 30 Aufgänge zu je vier Stockwerken. Treppe rauf, Treppe runter! Aber mir machte das relativ wenig aus, schließlich hat es mich fit gehalten. Und ich hatte durch mein Training sowieso eine gute Kondition. Was ich nicht so mochte, war der Winter. Bei 10, 20 Grad minus, da sind mir die Hände fast abgefroren. Wenn die Briefkästen aus Metall waren und noch dazu draußen vor der Tür standen, war es ganz schlimm. Ich musste jede einzelne Klappe anfassen, um den Brief einwerfen zu können. Da sind einem manchmal fast die Finger festgefroren. Wahrscheinlich trage ich deshalb so gern Handschuhe.

Später, als ich nebenbei als Trainer arbeitete und damit gutes Geld dazuverdiente, fuhr ich oft mit dem Auto arbeiten. Aber nicht mit irgendeinem.

Ich bin verrückt nach Autos. Wenn ich mein Geld nicht immer in Autos stecken würde, hätte ich wahrscheinlich längst ein paar Häuser. Das verrückteste Gefährt, das ich je hatte, war der Audi R8. Das war 2008. Der stand aber leider die meiste Zeit nur in der Garage. Nach einem Jahr hatte er nur 5000 Kilometer drauf. Abgesehen davon, dass mir die Zeit für große Rundfahrten fehlte, war ich auch der Meinung, dass man mit so einem Ding doch nicht immerzu durch die Stadt fährt. Dafür habe ich meinen Smart, den kann ich überall parken. Aber Aufsehen hat der R8 immer erregt, wenn ich ihn dann doch mal irgendwo vor einem Club oder einem Restaurant abgestellt habe. War eben eine geile Karre!

Als ich damals anfing, andere Leute zu trainieren, leistete ich mir einen BMW Z1. Ein Cabrio. Da konnte man die Türen hoch- und runterfahren lassen. Klingt verrückt, aber ich habe meine Postkarre mit den Briefen einfach auf den Beifahrersitz gestellt und bin dann damit in meinen Bezirk geschossen. Natürlich hatte ich auch schon damals Neider. Aber die meisten meiner Kollegen waren sehr nett. Und manche haben mich sogar bewundert: für meine Kickboxkarriere und auch für meinen Lebensstandard. Als Postzusteller verdiente ich ja eigentlich recht wenig, und es war für mich schon ziemlich cool, sich die eine oder andere Sache kaufen zu können, weil ich mein Gehalt durch den Sport aufbessern konnte. Ich kam eben aus einfachen Verhältnissen und war stolz, mir was leisten zu können. Heute weiß ich, dass das albern war.

Wenn ich dann meine Runde gemacht hatte, fuhr ich mit dem Wagen und der Postkarre zum Volkspark Rehberge, um eine Stunde zu joggen. Dann war es meist kurz vor 12 Uhr mittags, und ich bin aufs Amt zurück und machte meine Abrechnung. Es gab immer mal Briefe, die man nicht ausliefern konnte, da musste man dann das Nachnahmegeld abrechnen. Wäre ich direkt nach dem Austragen zurück zum Postamt, hätten sie mir einen größeren Bezirk gegeben. So konnte ich die Zeit schon mal zum Trainieren nutzen.

Anschließend war Mittagspause, entweder in der Postkantine oder zu Hause bei meiner Mutter. Mir war zu Hause bei meiner Mutter oder meiner damaligen Frau Martina am liebsten, besonders, wenn es Spaghetti Bolognese oder Milchreis mit Zucker und Zimt gab, mein Lieblingsessen. Danach hielt ich immer ein kleines Nickerchen. Ist ja auch nicht verwunderlich, wenn man täglich um 4.30 Uhr morgens aufsteht. Um Viertel nach drei gab es dann noch ein Stück Kuchen mit einer Tasse Kaffee. Das ist mein Ritual, das mache ich jeden Tag, noch heute: Kuchen und Kaffee um Viertel nach drei.

Martina und ich lernten uns mit 14 Jahren kennen. Wir saßen uns in der Schule gegenüber und schauten uns immer etwas verlegen an. Ich war sehr schüchtern. Sozusagen noch grün hinter den Ohren! Und klein war ich auch. Einssiebenundsechzig. Das hat mich aber nie gestört, und ich glaube, ich habe deswegen auch keine komischen Komplexe. Trotzdem traute ich mich erst nach einer ganzen Weile, Martina zu fragen, ob sie mit mir ins Kino will. Wie man sich vielleicht denken kann, lud ich sie in einen Kampfsportfilm ein. Wir saßen weit hinten, und den ganzen Film über dachte ich: Ich muss sie küssen! Es war schon fast wieder hell im Kino – dann passierte es endlich, auf den letzten Drücker. Der erste Kuss.

Seitdem waren wir ein Paar. Mit 18 zogen wir dann zusammen, mit 24 heirateten wir, und 1990 kam unsere Tochter Angelina zur Welt. Wir waren dann in den folgenden Jahren öfter getrennt. Ich war zugegebenermaßen nicht immer treu. 2000 lernte ich meine jetzige Lebensgefährtin Diana kennen. Mit ihr habe ich jetzt eine weitere kleine Tochter, Vivien.

Zwischen 20 und 30 zog sich – neben Beziehung und Beruf – meine Sportkarriere wie ein roter Faden durch mein Leben. Nach meiner täglichen Kaffeepause am Nachmittag bin ich immer gleich ins Training. Der Sportstall von Peter Blankenburg lag nur ein paar U-Bahn-Stationen entfernt, in Reinickendorf. Das Training begann immer mit 30 Minuten Aufwärmen:

Gymnastik und Stretching. Anschließend machten wir Technik- beziehungsweise Sandsacktraining, Partner- übungen oder Sparring.

Bei den Partnerübungen trainierten wir häufig mit so- genannten Pratzen. Pratzen sind eine Art große Leder- teller, die sich dein Gegenüber auf die Hände zieht, so dass man dann dagegenschlagen und -treten kann. So übt man bestimmte Kombinationen immer wieder, bis man sie aus dem ff beherrscht. Im Sparring wendet man das Erlernte dann mit einem »echten« Gegner an, das heißt, man tritt wie unter Wettkampfbedingungen ge- geneinander an, aber mit gelegentlichen Unterbrechun- gen und Hinweisen durch den Trainer.

Bei Peter Blankenburg war das Sparring mal hart, mal locker. Für mich war es meistens ziemlich hart, da mir meine Trainingspartner oft körperlich überlegen wa- ren. Mir kam es manchmal wie die Hölle vor. Aber da ich ein klares Ziel vor Augen hatte, quälte ich mich ger- ne tagtäglich. Und letztlich wurde mein hartes Training mit unzähligen Siegen und Pokalen belohnt.

Schon mit 17 fing ich an, selbst als Trainer zu arbeiten. Zu diesem Zeitpunkt war ich bereits Vizeweltmeister bei den Senioren. Zu den Senioren zählt man eigentlich erst ab 18 Jahren, im Alter von 16 bis 18 Jahren gehört man zu den Junioren. Die meisten, die bei mir trainier- ten, waren viel älter als ich, zum Teil bis zu zehn Jahre. Für mich war das überhaupt kein Problem. Die Älteren hatten irgendwie auch immer einen Heidenrespekt vor mir, weil ich eben ein sehr erfolgreicher Kickboxer und Trainer war.

Zwei meiner Schüler sind dann auch Weltmeister ge- worden: Klemens Willner und René Hübsch. Klemens kämpfte in der Gewichtsklasse bis 67 kg. René gehörte sogar zu den Schwergewichten. Als sie damals in Paris das Finale gewannen, fühlte ich mich, als hätte ich selber gerade eine Runde nach der anderen gekämpft und den Titel an mich gerissen. Wir waren so überwältigt vor Glück und Freude über den Titel, dass wir uns mit Tränen in den Augen in die Arme fielen. Dieses Erlebnis verbindet uns noch heute. So sind wir zu Freunden für immer geworden. Auch wenn wir uns heute nur noch selten sehen, aber eins kann ich getrost zugeben: Ich liebe diese Jungs!

Ich hatte immer ungefähr 20 Schüler, welche ich neben meiner eigenen Karriere noch zusätzlich trainierte. Als Trainer verdiente ich irre gut, zu der Zeit 100 Mark pro Stunde. Mein zusätzlicher Verdienst, mit dem ich mir die teuren Autos finanzierte, kam also nicht durch meine eigenen Kämpfe. Im Gegenteil, für die Kämpfe mussten wir Fahrtkosten, Flüge und Unterkunft oft sogar selbst bezahlen.

Da die Stunden, die ich gab, wie ein zweiter Job waren, kam ich selten vor 21 Uhr nach Hause. Natürlich fiel ich dann gleich erschöpft ins Bett. So sah mein Alltag aus, sechs Tage die Woche, über Jahre hinweg. Denn Briefe müssen ja auch samstags zugestellt werden. Sonntags hatte ich zwar keinen Postdienst, aber zum Training bin ich natürlich trotzdem gegangen.

ICH BIN KEIN HELD,
ABER EIN CHAMPION

Ich glaube, ich bin nicht der Einzige, der durch Bruce Lee zum Kampfsport gekommen ist. Der Mann war für viele Jungen und Männer nicht nur ein Vorbild, ein Held, sondern auch der Zündfunke, selbst Kampfsport machen zu wollen. Als ich zwölf wurde, war Bruce Lee bereits ein Jahr tot. Aber ich wollte doch auch unbedingt so durch die Luft fliegen können! Und kämpfen natürlich. Karate gab es nirgends für Kinder in meinem Alter. Auch nicht im Sportstall von Peter Blankenburg. Aber zumindest ließ er mich recht bald in der Erwachsenenklasse von Taekwondo mittrainieren. Kickboxen gab es überhaupt noch nicht, nur den Vorläufer, All-Style-Karate. Ich fing mit Semi-Contact an und wechselte später zum Full-Contact.

Semi-Contact ist eine Art Reflexkampf. Sobald man den Gegner am Körper oder am Kopf trifft, wird der Kampf unterbrochen. Es gibt eine Wertung: Man bekommt bei Tritten zum Kopf zwei Punkte. Alle anderen Treffer zum Körper oder Kopf mit Schlägen oder Tritten zählen einen Punkt. Nachdem der Treffer gewertet ist, wird weitergekämpft bis zum nächsten Punkt. So geht das, bis die Kampfzeit von 3 Minuten vorüber ist.

Für die Leute, die keine harten Kämpfe mögen, ist das eine coole Sportart. Für Frauen finde ich es auch okay. Ansonsten sollten Frauen aus meiner Sicht keinen Wettkampf-Kampfsport betreiben. Das ist Männersache. Na gut, meine Lebensgefährtin hat auch mal Vollkontaktkarate gemacht, als wir uns kennengelernt haben. Aber sie hat nie ernsthaft im Ring gekämpft. Da bin ich auch glücklich drüber. Wäre doch schade um das schöne Gesicht! Wenn Männer verbeult aussehen, ist das okay, bei Frauen sieht das scheiße aus. Sich nach Regeln zu prügeln ist Männersache. Allerdings muss ich dazu sagen, dass ich es sehr gut finde, wenn Frauen sich selbst verteidigen können. Nicht, dass das hier missverstanden wird und emanzipierte Kampfsportfrauen mich demnächst aufsuchen und erschlagen.

1975 gab es den ersten offiziellen Full-Contact-Fight in der Deutschlandhalle in Berlin: Ramiro Guzmàn gegen Gordon Franks. Dieser Kampf hat mich total begeistert, von da an wollte ich nicht mehr nur Semikontakt kämpfen, sondern richtig. Und in der Kampfsportszene löste das Thema einen Riesenstreit aus. Die alteingesessenen Vertreter des traditionellen Karate meinten, Vollkontaktkämpfe seien zu gefährlich. Manche Leute dachten sogar, wenn ein Karatekämpfer richtig trifft, könnte er den Gegner damit töten.

Alles totaler Quatsch! Man haut sich ja nicht einfach so eins auf die Schnauze. Es hatte auch nichts zu tun mit Straßenkämpfen à la Ultimate Fighting, das es heute gibt. Beim Kämpfen sollten Boxhandschuhe und »Safeties«, also Schaumstoffpolster, an den Füßen getragen werden. Bei einem Training der deutschen Mannschaft wurde einmal vor Journalisten »die Wucht eines Jumpkicks

(Sprungfußstoß) demonstriert«. Das stand so am
1. November 1978 in der Zeitung: »Der mutige Rund-
funkmann, der mit einem dicken Schaumgummipolster
als Angriffsobjekt diente, wurde trotz kräftiger Statur
und in Erwartung eines kräftigen Schubs weit zurück-
geschleudert.«
Wenn man die Zeitungsberichte von damals liest, kann
man es kaum fassen, wie die Leute auf die neuen
Kampfsportarten reagierten. Meine Exfrau hat viele
Artikel aufgehoben, fünf Mappen voll. Der folgende
ist auch von 1978, und wenn man ihn liest, versteht
man, wie das vor über 30 Jahren war, als asiatische
Kampfsportarten bei uns in Deutschland noch kein
Massensport waren. Er sagt eigentlich alles:
»Die jüngsten Kinder fernöstlicher Kampfsportarten, die
furchtlosen Freunde des Full-Contact-Karate werden
am Sonntag in der Deutschlandhalle den sogenannten
›Traditionellen‹ einen äußerst schmerzhaften Handkan-
tenschlag verpassen: An diesem Tag veranstalten sie nämlich ihre erste Weltmeisterschaft, die Turnierleiter Georg
F. Brückner auf den WM-Plakaten mit geradezu asiati-
scher Zurückhaltung schlicht als ›Die Sensation!‹ etiket-
tierte. Gichin Funakoshi aus Okinawa (1871–1957), Be-
gründer des modernen Karate, der Mann also, der in die
›Kara‹ (leer, nackt, unbewaffnet) ›Te‹ (Hand) den ›Do‹
(Weg, Grundsatz, philosophisches Prinzip) drückte, hätte solchen Frevel kaum verwunden. Und Bodhidharma
gar, der legendäre, um 440 n. Chr. geborene Alt-Urvater
des Karate und 28. Nachfolger Buddhas, wäre vor lauter
Wut sicherlich an die steinerne Decke seines chinesischen
Klosters Shaolin gesprungen. Von ihren ehrwürdigen
Ahnen, den ›Asiaten, die die Weisheit gepachtet haben‹

(Brückner), und von deren praktizierenden Jüngern, wollten die Anhänger des modernen Leicht- und Vollkontakt-Sportkarate überhaupt nichts mehr wissen. Deshalb gründeten sie vor noch nicht einmal 20 Monaten einen eigenen Verband, die WAKO (World All-Style Karate Organization), rüsteten sich mit Hand-, Fuß-, Schienbein-, Hoden-, Kopf- und Mundschutz aus und hieben mit Fäusten und Füßen aufeinander ein; zweimal zwei Minuten lang und kompromisslos, jedoch nach strengen Regeln und Wertungen.

Dieser Vollkontakt, die Miteinbeziehung des Knock-Outs, trat natürlich das wesentlichste Gebot des traditionellen Karate, alle Angriffe Millimeter vor dem eigentlichen Ziel abzustoppen, mit – Füßen. Spannender als das Karate-Do ist diese neueste Spielart und, wenn man so will, Sportart sicherlich …«

Anfangs war ich mit meinen 57 kg ein Federgewicht. Später wechselte ich dann in die Sechzig-Kilo-Gewichtsklasse, das sogenannte Leichtgewicht, denn es war für mich immer schwierig, das Gewicht unter 60 kg zu bekommen. Ich war eben ein Süßmaul und wollte ungern auf meine Kaffee-Kuchen-Zeit am Nachmittag verzichten. Vor den Kämpfen musste ich deswegen meistens vier bis sechs Kilo abnehmen, um in meiner Gewichtsklasse zu bleiben. Als ich noch im Semikontakt kämpfte, gab es Turniere, bei denen man gegen die Sieger der nächsthöheren Gewichtsklassen kämpfen musste, wenn man in der eigenen gesiegt hatte. Ich habe oft gewonnen.

Ich kann mich noch an einen Kampf bei einem Turnier der US-Army in Berlin erinnern. Da musste ich gegen einen in der Schwergewichtklasse antreten, der hatte 118 kg. Ich sah aus wie ein Embryo gegen diesen Riesen. David gegen Goliath! Und so war es auch. Ich habe doch tatsächlich gegen ihn gewonnen. Das ging aber nur, weil wir im Semikontakt kämpften, und ich durch meine Wendigkeit und Beweglichkeit schneller punkten konnte als er. Das ist dann halt der Vorteil beim Semikontakt, dass nach jedem Treffer unterbrochen wird. Irgendwann wurde mein Riesengegner so sauer, dass er mich mit voller Wucht getreten hat. Zum Glück traf er mich nur am Arm. Aber ich fiel trotzdem um und stellte mich bewusstlos. Alle erschraken und dachten: Der steht so schnell nicht wieder auf. Es war wirklich totenstill in der Halle, alle hielten den Atem an. Und dann sprang ich auf, tänzelte um meinen Gegner herum, nur zum Faxenmachen. Mann, die ganze Halle hat gegrölt vor Lachen! Lustigerweise musste mein Gegner dann auch lachen. Und dann habe ich gewonnen, als erster Deutscher bei den Amerikanern. Zum Schluss trug mich mein doppelt so schwerer und zwei Köpfe größerer Gegner sogar quer durch die Halle!

Beim Vollkontakt gibt es Siege nach Punkten oder nach K. o., wie es vom Boxen allgemein bekannt ist. Man kämpft bis zu drei Runden à zwei Minuten. Es ist verboten, gegen das Genick, den Kehlkopf, den Unterleib, den Rücken oder die Gelenke zu schlagen oder zu treten. Knie-, Ellbogen- oder Kopfstöße sind ein absolutes Tabu beim Kickboxen. Finde ich persönlich auch irgendwie zu brutal. Es gibt ungefähr zehn verschiedene Fußtechniken, also Trittarten mit Bein und Fuß: Kante, Ferse, Seite, nach hinten, und Variationen davon. Es ist natürlich immer von Vorteil, wenn man sehr gelenkig ist beim Kickboxen. Es kostet dann weniger Kraft, zum Beispiel das Bein zum Kopf des Gegners zu führen, und meist ist man dann auch schneller mit den Beinen als ein ungelenkiger Kämpfer. Als Handtechniken kennen wir Fauststöße mit der vorderen und hinteren Hand, Haken und Faustrückenschläge. Handkanten sind im Kampf verboten. Kickboxen ist relativ stark reglementiert und Verstöße werden mit Ermahnungen, Punktabzug oder Disqualifikationen hart geahndet.

Mir haben Akrobatik, Disziplin, Ästhetik und Härte meiner Sportart immer gefallen. Doch leider hat sie teilweise ein schlechtes Image. Leute, die für jeden Boxkampf im Fernsehen nachts lang aufbleiben, rümpfen bei Kickboxen die Nase. Als ob es brutaler wäre. Das stimmt einfach nicht, es ist in gewisser Weise sogar etwas anspruchsvoller. Man sagt ja, dass Boxen allein bereits eine Kunst für sich ist. Wenn man dann noch die Füße genauso gut zum Kämpfen einsetzen kann wie die Arme, sieht ein Kickboxkampf richtig geil aus. Natürlich meine ich nicht zwei dicke Fleischberge, die aufeinanderprallen und die Beine nicht höher als bis zur Hüfte heben können. Es muss eben akrobatisch und elegant aussehen.

Ich durfte also bereits mit 15 Jahren im Fullcontact kämpfen. Das war schon eine kleine Sensation, weil es früher keine Jugend oder Junioren in dieser Kampfsportart gab. Also blieb mir quasi nichts anderes übrig, als in der Seniorenklasse mitzukämpfen. Aber ich war schon in diesem jungen Alter recht gut und hatte daher auch kaum Probleme, bei den Senioren mitzumischen.

1977 hatte ich meinen ersten Kampf im Vollkontakt. Als 15-jähriger Piepel musste ich schon gegen einen erwachsenen Mann kämpfen. Und gewonnen habe ich auch noch. Das war irgendwie cool, aber auf der anderen Seite auch irgendwie unangenehm, einen Erwachsenen zu »verhauen«. Den zweiten Kampf verlor ich gegen den späteren Weltmeister Ali Phelivan in Wolfsburg.

1978 wurde ich zum ersten Mal Deutscher Meister und konnte dadurch bei den allerersten Weltmeisterschaften unseres Verbandes (der WAKO) in der Berliner Deutschlandhalle teilnehmen. Hier erreichte ich immerhin schon den achten Platz – mit 16 und bei den Senioren.

Zu meinem ersten wirklich großen Turnier im Ausland flog ich 1979, nach Florida. Da ging es auch um einen Weltmeisterschaftstitel. Es war ein echtes Abenteuer. Ich war 17 und zum ersten Mal allein so weit weg von zu Hause. Weder meine Eltern noch mein Trainer waren dabei, nur ich und mein Team. Und die waren alle viel älter und erfahrener als ich, was ich auch gleich zu spüren bekam.

Da das Turnier nur zwei Tage dauerte, hatten wir noch acht Tage Zeit für Sightseeing. Einen Tag fuhren wir ins Disney World bei Orlando. Plötzlich meinten meine Sportkumpels zu mir: »Geh mal da rüber zu den schicken Mädels und sag: Kiss me, quick!« Ich bin dann also rüber zu den Mädels, völlig ahnungslos über die Bedeutung der drei Worte. Englisch war mir in der Schule immer zu langweilig gewesen, da hatte ich kaum aufgepasst. Mann, haben die gelacht! – Kiss me, quick … Wie peinlich!

Das war mir eine Lehre. Ich wollte mitreden können. Sobald ich Zeit hatte, nahm ich an einem mehrwöchigen Intensivkurs teil, fünf Stunden täglich.

Witzig war auch unsere Ankunft im Hotel in Tampa. Wir wollten gerade in unsere Zimmer, als plötzlich überall Gespenster durch die Flure liefen. Ich dachte: Was ist denn hier los? Lauter Verrückte! Es war Halloween, das kannten wir noch nicht. Ich fand es irre lustig, aber ich konnte nicht mitfeiern, denn am nächsten Tag war mein großes Turnier.

Gefeiert habe ich überhaupt eher selten. Es gibt Boxer, die gern mit ihren Zuschauern und Fans feiern. Das ist ja eine ganz spezielle Mischung, die da direkt am Ring sitzt. Manchmal hatte ich den Eindruck, als hätte sich die gesamte High Society der Unterwelt dort versammelt. Mich haben diese Leute nie so wirklich interessiert. Oft waren da auch Alkohol und Drogen im Spiel, und damit wollte ich nichts zu tun haben. Meine »Droge« beziehungsweise mein »Doping« war schon immer coole Techno-Musik. Wenn ich das Zeug höre, laufe ich zu Höchstleistungen auf. Ich kann dabei komplett abschalten und mich voll auspowern. Das ist besser und gesünder als jeder Drogentrip!

In Florida bin ich Vizeweltmeister geworden. Erst schlug ich den Jugoslawen Krasnici. Danach Jerome Canabate, der für die Schweiz kämpfte und später Profiweltmeister wurde. Im Halbfinale deklassierte ich dann den Norweger Max Mankowitz. Er war der amtierende Europameister – und sah nach dem Kampf aus wie ein Teller bunte Knete, so sehr habe ich ihn auseinandergenommen. Somit stand ich im Finale, wo ich auf Howard Brown aus England traf. Eine richtige Kampfmaschine! Vor

dem hatte ich richtig Angst, so dass ich insgeheim überhaupt nicht gegen ihn kämpfen wollte. Ich setzte mir
als Minimalziel, auf keinen Fall k.o. zu gehen. Schon
allein deswegen, weil Howard Brown bei dem Turnier
alle Vorkämpfe durch k.o. gewonnen hatte. Das beein-
druckte mich natürlich, was mir letztlich zu Hilfe kam.
Es ist nämlich verdammt schwer, einen Gegner, der
Angst hat, k.o. zu schlagen. Instinktiv kämpfte ich mal
wieder um mein Leben. Also ging ich nicht k.o. und
verlor »nur« nach Punkten. Aber immerhin: Mit 17
war das ein Riesenerfolg, ich war Vizeweltmeister! Die
Fachzeitschrift *Karate Budo Journal* schrieb: »Mit
17 Jahren schon Weltklassekämpfer zu sein, ist sicher
nicht alltäglich.« Und dass meine »Entwicklung in diesem Jahr« allen aufgefallen sei. Zwei deutsche Meistertitel, achter Platz bei der WM in Berlin und dann WM-
Silber hinter Howard Brown. Da hab ich einen schönen großen Pokal mit nach Hause genommen.
Meine Pokale stellte ich am Anfang zu Hause auf. Mit
der Zeit wurden es dann zu viele, und so bekamen
manche auch im Sportstudio einen Ehrenplatz. Später,
als das mit den Pokalen nicht mehr so neu und sensationell für mich war, habe ich daraus schon mal Champagner getrunken. Aber nicht mit 17, sondern erst
1985, als ich dann endlich zum ersten Mal Weltmeister
unter den Amateuren wurde.
Aber erst mal war es mir wichtig, an meinen Erfolg in
Florida anzuknüpfen. Nach unserem Finalkampf hatte
Howard Brown gesagt, dass er viel mehr einstecken
musste, als ihm lieb war. Ich war schon stolz, nach
Punkten verloren zu haben. Ein Jahr später, 1980, habe
ich ihn dann geschlagen, in seiner Heimat London, bei

der Europameisterschaft. Ich gewann erst alle Vorkämpfe, auch gegen José Vierra, den späteren Weltmeister aus Holland. Vierra hatte sogar bei einem anderen Turnier die Legende Ramón Dekker k. o. geschlagen! Ein Riesenerlebnis für mich.

Die Halle in London war klein und somit völlig überfüllt. Insgesamt standen ungefähr 4000 Menschen in der Halle, dicht an dicht gedrängt. Es gab damals noch keinen Ring, sondern nur Matten wie bei allen asiatischen Kampfsportarten. Im Kickboxen wurde der Ring erst Anfang der Achtziger eingeführt. Die Matte hatte den Nachteil, dass der eine oder andere Angsthase einfach von der Matte rannte und der Kampf dann unterbrochen werden musste. Als der Ring eingeführt wurde, gab es diese Fluchtmöglichkeit nicht mehr. In London saßen die Leute also noch bis zur Matte ran. Das erzeugte eine irrsinnige Stimmung, eng und aufgeheizt.

Und in dieser Stimmung habe ich vor den Augen des heimischen Publikums ihren Star und Weltmeister geschlagen. Howard Brown, die Kampfmaschine, verlor gegen einen 18-jährigen Deutschen, einen Zwerg! Einerseits konnten sie es kaum glauben. Anderseits waren sie aber unglaublich fair. Sie buhten mich nicht aus, sondern applaudierten sogar. Wenn ich heute daran zurückdenke, bekomme ich noch immer Gänsehaut.

Der Sport war das Wichtigste in meinem Leben. Selbst wenn ich nicht in der Vorbereitung auf einen Wettkampf war, habe ich morgens gearbeitet und nachmittags trainiert. Martina hätte manchmal gern mehr von mir gehabt. Aber ich war so: sportbesessen, erfolgsbesessen. Sie kannte mich nicht anders. Zum Glück hatte sie viele Freundinnen und war sehr selten allein.

1983 fuhr ich zur nächsten Weltmeisterschaft, wieder in London. Da stand ich gegen den Holländer Romeo Charry im Finale. Wir waren zuvor schon einmal aufeinandergetroffen bei einem Länderkampf, wo ich ihn besiegt hatte. Im Finale in London war er jedoch der Bessere, da hatte ich zu wenig gemacht. Ich war zu defensiv. Ich bin an diesem Tag mit ihm einfach nicht klargekommen. Er war 1,82 Meter groß und hatte sehr lange Arme und Beine. Für diese Gewichtsklasse einfach ein ungewöhnlich großer und dünner Typ.

Also wieder nur Vizeweltmeister. Klar, trotzdem ein Riesenerfolg. Aber man will ja auch mal Weltmeister werden! Zwei Jahre später kam dann die nächste Chance, wieder in London. Davor hatte ich noch einen Europameisterschaftstitel abgeräumt. Und 1985 hat es dann endlich geklappt. Gegen den Iren Gerry Kidd bin ich zum ersten Mal Weltmeister bei den Amateuren geworden. Die Zeitungen nannten mich »Kickbox-King Kuhr«.

Der Unterschied zwischen den Amateuren und den Profis im Kickboxen ist eigentlich nur, dass man als Amateur nicht mehr als drei Runden kämpft – als Profi bis zu zwölf. Die Preisgelder lagen zwischen 2000 und 10 000 DM, und das auch nur bei WM-Kämpfen, bei den anderen Titelkämpfen gab es noch weniger. Es war also nicht genug, um davon allein leben zu können, nur ein guter Zuverdienst.

Was mich bei den Amateuren immer am meisten störte, war, dass es extrem viele Fehlurteile gab. Ich wurde auch mehrmals Opfer solcher Fehlurteile. Zum Beispiel 1987 bei der WM in Deutschland, in München. Gleich beim ersten Kampf gegen einen Italiener wurde ich richtig verladen. Man hatte den Eindruck, als wäre da eine echte Kickbox-Mafia am Werk: Der Weltpräsident der WAKO war ein Italiener, und der stand natürlich immer hinter seiner Mannschaft.

Zwei Runden lang dominierte ich den Gegner »von München bis Rom«. In der dritten Runde nahm ich mich ein bisschen zurück, da ich davon ausging, sowieso mit zwei Runden klar zu führen. Aber selbst in dieser Runde war der Kampf ausgeglichen, was man auf den Videos ganz deutlich erkennen kann. Aber ganz zum Schluss traf mich der Italiener doch noch mit einem Faustschlag am Kinn, und ich ging für eine Sekunde zu Boden. Ich stand sofort wieder auf und wollte weiterkämpfen, aber da läutete schon der Schlussgong. Der Ringrichter konnte mich dadurch nicht mehr anzählen, obwohl er das hätte tun müssen. Durch das Anzählen hätte ich diese eine Runde eventuell punktemäßig an den Italiener abgeben müssen und hätte trotzdem noch haushoch gewonnen. Aber weil eben der Ringrichter mich nicht angezählt hatte, fingen die italienische Mannschaft und der Weltpräsident der WAKO sofort wie wild zu wettern an. Die Punktrichter ließen sich davon wohl zu sehr beeinflussen und erklärten meinen Gegner zum Sieger.

Für mich war das ganz eindeutig Betrug. Ich war so entsetzt und enttäuscht, dass ich mit dem ganzen Amateurkram nichts mehr zu tun haben wollte. Ich meine, die haben mich um meinen Weltmeistertitel betrogen! Im ersten Moment brach für mich die Welt zusammen. Zu dem Zeitpunkt schwor ich mir, nur noch Profikämpfe zu machen. Allerdings überredete mich der Bundestrainer dann doch noch mal, 1989 an der WM teilzunehmen. Zu allem Übel fand die in Italien statt. Ich war auf diese Mannschaft sowieso schon nicht gut zu sprechen. Und man kann es wirklich kaum glauben, aber die besaßen doch wirklich die Frechheit, so ein Ding noch ein zweites Mal mit mir abzuziehen. Obwohl ich dem Italiener erneut ganz klar überlegen war – und das kann auch anhand der Videos bewiesen werden –, haben sie mich wieder verlieren lassen. Da hatte ich dann wirklich genug von diesen »Amateuren« – im wahrsten Sinne des Wortes – und wechselte zu den Profis.

1990 wurde ich zum ersten Mal Profiweltmeister, in Mannheim. Mein Gegner war der amtierende Europameister im Thaiboxen, Dennis Sigo aus Schweden. Kein leichter Gegner. Kaum einer hatte erwartet, dass ich ihn schlagen würde. Das Urteil ging aber relativ knapp zu meinen Gunsten aus. Im Grunde hätte es viel deutlicher sein können, aber ich hatte mich anfangs etwas zurückgehalten. Die ersten Runden kämpfte ich eher defensiv, denn es war mein erster Fight über zehn Runden. Ich konnte noch nicht einschätzen, wie sehr mich die hohe Rundenzahl erschöpfen würde. Also ging ich den Kampf vorsichtig an. Zum Schluss war ich konditionell noch so fit, dass mir ein paar Runden mehr auch nichts ausgemacht hätten.

Der Atem stand mir dann aber doch noch mal still. Mit nach Mannheim waren zwei Reisebusse voller Fans gekommen. Und diese Fans gerieten bei der Siegerehrung außer Rand und Band. Sie stürmten den Ring, packten mich und schmissen mich dreimal hoch in die Luft. Ich konne nur beten, dass sie mich bitte wieder auffangen und nicht fallen lassen. Als ich endlich wieder festen Boden unter den Füßen hatte, musste ich erst mal tief durchatmen. Ich war glücklich, dass ich den Ring doch noch unversehrt verlassen und nun meine große Party feiern konnte.

Das alles war nicht nur für mich eine Sensation. Die ganze Kickboxwelt stand Kopf. Ich war der erste Deutsche überhaupt, der Weltmeister in der Profisportart Kickboxen wurde. Den Titel habe ich viermal verteidigt.

Bei den Profis gibt es einen anderen Rhythmus als bei den Amateuren. Die Amateure tragen alle zwei Jahre die Weltmeisterschaft aus, im Wechsel dazu gibt es die Europameisterschaft. Bei den Profikickboxern ist es wie bei den Boxern: Etwa jedes halbe Jahr muss man gegen einen Herausforderer kämpfen und seinen Titel verteidigen. Der Herausforderer ist dann der Nächstbeste nach dem Weltmeister, innerhalb eines Verbandes. Früher gab es viele verschiedene Weltverbände. Am wichtigsten waren die WAKO Pro, PKO, IKBF und der Verband ISKA, der weltgrößte Profiverband. Kämpft man gegen einen Weltmeister eines anderen Verbands, geht es also um zwei Titel: um den des Gegners und um den eigenen Titel. Ich war schließlich Weltmeister in allen vier Verbänden.

Eine Zeitlang, nachdem sie mich 1987 in München so verladen hatten, trainierte ich nur Boxen. Ich hatte mit Jan Bauer einen hervorragenden Trainer, der mir die Kunst des Boxens richtig beibrachte. Von 1988 bis 1990 war ich bei den Box-Amateuren. Die eine oder andere Trophäe habe ich auch hier mit nach Hause gebracht.

So wurde ich in den zwei Jahren unter anderem Berliner Meister und Norddeutscher Meister. Außerdem habe ich in der Bundesliga geboxt. Letztendlich war ich aber im Boxen bei weitem nicht so erfolgreich wie im Kickboxen, denn ich war eine andere Distanz gewohnt. Beim Boxen stand ich immer zu weit weg vom Gegner, was schlecht war, denn als Boxer muss man näher ran als beim Kickboxen. Da steht man eher etwas weiter weg vom Gegner, um eben die Kicks besser einsetzen zu können.

Manche Boxtrainer rümpften uns Kickboxern gegenüber die Nase. Sie dachten, wir wären nur Prügelknaben. Ich wollte immer zeigen, dass auch Kickboxen eine schöne, seriöse und ansehnliche Sportart ist. Ich wollte stets nur gegen die Besten kämpfen und habe mir deshalb Troy Dorsey als Gegner gewünscht, der später sogar Profiweltmeister im Boxen wurde. Wir trafen 1987 in Berlin bei einem Länderkampf Deutschland gegen die USA aufeinander. Er war zu dem Zeitpunkt Weltmeister – eine amerikanische Kampfmaschine – und galt als unschlagbar in seiner Gewichtsklasse bis 57 kg. Also hungerte ich mich von meinen 64 kg Normalgewicht mal wieder auf 57 kg runter.

Das Runterhungern habe ich immer gehasst. Die Nerven lagen stets blank. Es war schon schwer, mich auf 60 kg zu hungern, denn das war ja eigentlich mein Kampfgewicht. Aber 57 kg, also sieben Kilo runter, das war hart. Zum Glück wurde ich mit einem überragenden Sieg über Troy belohnt.

Wir kämpften in der Deutschlandhalle vor ca. 4000 Zuschauern. Die Stimmung war absolut berauschend, und es war extrem laut. Ab der fünften Runde standen die

Fans auf den Stühlen und schrien mich zum Sieg. Selbst der amerikanische Weltpräsident Mike Anderson sagte hinterher zu mir, dass er noch nie zuvor so eine laute Halle erlebt hatte. Und er meinte, dass der Kampf ein Lehrstück für Weltklassekickboxen mit einem verdienten Sieger war. Mann, war ich stolz!

Troy ist dann später, wie gesagt, auch im Profiboxen Weltmeister geworden. Das hat uns beide geadelt. Ich war auch bei den Amateurboxern in der Nationalmannschaft im olympischen Team, habe in der Bundesliga gekämpft und mit den Boxern Sven Ottke und Graciano Rocky Rocchigiani trainiert.

Graciano Rocchigiani kannte ich schon als Amateurboxer, wir haben zusammen im Box-Leistungszentrum trainiert. Er hatte diese crazy Braut: Christine Rocchigiani. Sie war eine dominante Frau und extrem laut vor der Kamera. Mehr als einmal hat sie ihren Mann mit Herz zum Sieg gebrüllt. Und weil sie den Mund immer vollgenommen hat und geradeheraus sagte, was ihr in den Sinn kam, war sie natürlich bei der Presse beliebt. Irgendwann hat sie sich von Rocky getrennt. Einmal, als Rocky gegen Henry Maske umstritten verloren hatte, wurde sie gefragt, wie sie das Urteil fände. Ihre Antwort: Sie spuckte volles Rohr in die Kamera – bei einer Liveübertragung mit weit über zehn Millionen Zuschauern! Eine richtige Furie.

Grace suchte einmal, das war so Mitte der Neunziger, für die Vorbereitung auf einen Kampf einen Trainer, und er fragte mich. Ich habe lange überlegt, weil das enorm viel Verantwortung bedeutete. Als Profi-Boxtrainer steht man im Mittelpunkt. Nicht so wie beim Kickboxen, das relativ unbekannt war und im TV keine

Beachtung fand. Aber ich betrachtete Gracianos Angebot als Herausforderung und trainierte ihn.

Ich ließ mir ein abwechslungsreiches und gutstrukturiertes Training einfallen. Die ersten zwei, drei Wochen war er extrem begeistert, weil ich viele neue Ideen fürs Training hatte. Zum Beispiel blindes Schattenboxen. Er musste sich die Augen verbinden und dann auf meinen Zuruf loslegen. Aber nicht irgendwo in die Luft, sondern gegen die Pratzen, nur vom Gehör her. Das ist sehr gut, um viel tiefer in sich hineinzuhören. Man entwickelt den richtigen Instinkt und ein gutes Gefühl für das Boxen. Die erste Zeit lief unser Training super, bis ich bei verschiedenen Leistungstests feststellte, dass Graciano generell schlecht in Form war. Er musste auf dem Laufband den sogenannten Zwölf-Minuten-Cooper-Test machen: zwölf Minuten laufen, dann wird der Fitnesszustand errechnet. Das Ergebnis war einfach schlecht. Sparringspartner wurden eingeflogen, die mit ihm trainierten. Nach zwei, drei Wochen wollte er wieder seinen alten Stiefel machen. Er war schwer zu führen. In der Endphase meinte er, ich solle ihm vertrauen, er habe alles im Griff. Schließlich gewann er den Kampf zwar, aber konditionell war er erwartungsgemäß nicht besonders stark.

Der Höhepunkt der ganzen Sache war ein Zwischenfall mit Gracianos Frau Christine bei einem Frühstück in einem Hotel in Hannover, direkt vor seinem Kampf. Ich saß mit meiner Frau Martina dabei. Grace und Christine waren dafür bekannt, dass sie sich oft in die Flocken kriegten. Nach einem kurzen Geplänkel flippte Christine völlig aus: »Ich will jetzt nach Hause! Gib mir den Autoschlüssel!« Dann rannte sie raus zu ihrem

Auto, setzte sich rein und wollte losfahren. Er rannte ihr hinterher und sprang auf die Motorhaube. Sie fuhr ein Stück los, bremste und er sprang wieder runter. Sie stieg aus. Keine fünf Minuten später kamen die beiden Arm in Arm wieder ins Hotel rein und sagten: »War doch eine gute Show, oder?«

Martina ist völlig vom Glauben abgekommen. So was Durchgeknalltes kannten wir nicht. War spannend, diese Zeit. Grace, der »Dickkopf«, und ich sind bis heute Kumpels geblieben.

Bevor ich 1994 – in meiner Gewichtsklasse bis 60 kg ungeschlagen – abgetreten bin, hatte ich noch einen unfassbaren Kampf. Eine wahre Ringschlacht, wieder in der Deutschlandhalle in Berlin. Ich sollte gegen eine schwarze Kampfmaschine aus Holland antreten: Gilbert Ballentine, Kampfgewicht: bis 63,5 kg.

Da war ich echt mal etwas überheblich gewesen. Wenn man in seiner eigenen Gewichtsklasse dauernd gewinnt, bekommt man das Gefühl, unbesiegbar zu sein. Man kann sich nicht vorstellen, wie viel etwas mehr Gewicht und Größe dann doch ausmachen können. Ich war sehr zuversichtlich, dass die nächsthöhere Gewichtsklasse für mich kein Problem sein würde.

Insgesamt war dann aber nicht nur meine überhebliche Art, sondern auch meine Taktik während des Kampfes falsch: Ich war ein super Techniker, Ballentine ein Zerstörer. Und ich wollte ihn mit seinen eigenen Mitteln schlagen, anstatt mit Technik zu punkten. Das war falsch, das konnte nicht gutgehen.

Bei der Videoauswertung im Vorfeld hatte ich gedacht: Den kann ich besiegen, kein Problem! Ganz Europa wollte, dass wir gegeneinander kämpfen. Es gab eine riesen Promo, und die Stimmung war irre: Die Deutschlandhalle war brechend voll, 10 000 Leute.

Schon beim Walk-in hatte ich einen Puls von über 200, so gigantisch wurde ich vom Berliner Publikum empfangen. Ich war total überdreht und hochmotiviert. Und dann kam der Dämpfer! Gleich zu Beginn des Kampfes spürte ich, wie Ballentines Faust auf mein Kinn krachte. Rums! Nach zehn Sekunden in der ersten Runde hatte er mich bereits auf die Bretter geschickt. Ich lag am Boden. Wurde angezählt.

Doch ich habe mich in den Kampf zurückgefightet. Es ging dann noch elf unendlich lange Runden – kämpfen, kämpfen, kämpfen – bis zum Schlussgong. Ich dachte jede Sekunde, der muss Popeye-Spinat genommen haben. Bislang war es in meiner ganzen Laufbahn nicht einmal vorgekommen, dass ich meinen Gegner mit meinen Schlägen und Kicks zum Lachen gebracht habe. Aber Gilbert lachte ständig nur, wenn ich ihn traf. Umso frustrierter war ich, dass seine Schläge mächtig weh taten. Ich konnte mir das nicht erklären, der Typ musste ein schier unmenschliches Training gemacht haben. Shit happens.

Trotzdem war mir nach diesem Kampf ein für alle Mal klar: Unterschätze niemals deinen Gegner! Diese Erfahrung beziehungsweise die Lehre daraus macht noch heute in meinem Beruf als Personenschützer einen Teil meines Erfolges aus.

Das war eine böse Niederlage für mich. Wobei mich das Publikum wirklich ganz super unterstützt hat. Ich denke mal, die waren einfach beeindruckt, dass ich nach diesem Treffer in der ersten Runde wie ein Löwe weitergekämpft habe. Das imponierte den Leuten. Kurz darauf wurde ich sogar von einer Fachzeitschrift zum »Kämpfer des Jahres« gewählt, weil ich ein Riesenkämpferherz bewiesen hatte. Aufgeben oder Hinschmeißen war eben nicht mein Ding. Noch heute bekomme ich enorm viel Respekt von all den Leuten, die mich im Kampf gegen Ballentine gesehen haben.

Eigentlich hätte ich gerne einen Rückkampf gemacht. Dazu kam es aber nicht mehr. Es hatte zeitlich nie gepasst, uns beide noch mal zusammenzubringen.

Nach der schmerzlichen Erfahrung gegen Ballentine wechselte ich sofort wieder in meine alte, niedrigere Gewichtsklasse. Hier kämpfte ich dann noch gegen die Nummer eins des weltgrößten Profikickboxverbandes, der ISKA. Ich habe den Texaner Santae Wilson bilderbuchmäßig ausgeboxt und ausgekickt. Nach zwölf harten Runden war ich nun auch Weltmeister des größten Kickboxverbandes der Welt geworden. Ich war so überwältigt von Freude und Glück, dass ich heulen musste. Ich würde sagen, das war der emotionalste Sieg in meiner gesamten Laufbahn.

1993 kämpfte ich gegen Ballentines Schüler, Boullem Bellani, und gewann ganz klar. Diese zwölf Runden Ringschlacht war mein letzter WM-Kampf. Ohne dass ich es geahnt hätte.

Mein nächster Gegner sollte der Türke Murat Cömert sein. Ich hatte ihn zwar schon mal geschlagen, aber er war seitdem enorm stark geworden und mittlerweile nach mir die Nummer zwei in der Weltrangliste. In der Vorbereitung brach ich mir dann aber zweimal den linken Unterarm. Es war beim Training mit Andy Hug, der Legende aus der Schweiz. Zwar war er Schwergewichtler, mit 40 kg Gewichtsunterschied zu mir, aber wir haben dennoch gemeinsam in Berlin trainiert. Man muss sich das mal vorstellen: Tritte können eine Geschwindigkeit von circa 70 km/h erreichen. Das allein ist schon unglaublich schnell. Wenn aber der andere dann auch noch viel schwerer ist, glaubt man wirklich, man wird vom Pferd getreten. Das scheppert richtig.

Im Sparring hat Andy fast alle k. o. gehauen, ich war bis auf einen anderen die einzige Ausnahme. Denn ich war schnell genug, den Schlägen und Kicks von Andy aus dem Weg zu springen.

Schnelligkeit und gute Reflexe sind wichtig, wenn man so klein ist wie ich. Die einzige Chance ist manchmal einfach ausweichen. Denn wenn ein Großer zuschlägt, dann kommt der Angriff für den Kleinen von oben nach unten. Und noch dazu von einem Arm, der viel länger ist als der eigene. Im Vergleich mit einem großen Gegner musste ich eine viel größere Distanz überwinden. Er im Gegenzug brauchte seinen Arm noch nicht mal ganz auszustrecken, um mich zu treffen. Also musste ich schnell sein. Und wenn ich den ersten Angriff abgewehrt hatte und in die Nahdistanz reinkam, hatte ich als kleiner Mann dann wiederum die Vorteile. Denn der Größere kann mit seinen langen Armen im Nahkampf die Arme nicht so effektiv einsetzen.

Nach dem Sparring gingen wir zum Pratzentraining über. Erst hielt Andy die Pratzen, dann ich. Nach einer Stunde konnte ich nicht mehr. Ich sagte: »Andy, ich kann nicht mehr!« Aber er schlug weiter. Er hatte überhaupt keinen Respekt vor so einer Fliege wie mir. Logischerweise schlaucht das Pratzenhalten gegen so einen Ochsen mindestens genauso, wie wenn man selber die ganze Zeit am Kicken ist. Ich bin echt immer nur durch die Gegend geflogen.

»Du machst doch auch immer 90 Minuten«, sagte er. »Komm, nur noch 30 Minuten, dann isses vorbei!« Na, was für ein Trost für mich!

Die Schmerzen strahlten mir bis zum Kopf. Ich war körperlich am Ende. Beim nächsten Sparring bekam ich nur einen kurzen, nicht mal besonders harten Kick ab – und dann war die Elle durch. Ein sogenannter Ermüdungsbruch. Und das ausgerechnet während der Vorbereitung auf meine Titelverteidigung. Ich kochte innerlich vor Wut. Ich gönnte meinem Arm zwei Monate Pause, bevor ich wieder anfing zu trainieren. Zack, der Arm war sofort wieder gebrochen, diesmal an einer anderen Stelle.

Von da an war es vorbei mit den Kämpfen, von da an war ich nur noch Trainer. Im Rückblick ist es mir aber gar nicht so schwergefallen aufzuhören. Ich hatte ja alles erreicht:

- 1979 und 1983 Vizeweltmeister
- 1980, 1981, 1983 und 1986 Europameister
- 1985 Amateurweltmeister
- zehnfacher Deutscher Meister
- 1990 erster deutscher Profiweltmeister im Full-Contact-Kickboxen
- bis 1994 Weltmeister in den Verbänden WAKO, PKO, IKBF und ISKA
- 16 Kämpfe/16 Siege gegen Full-Contact-European- und -Worldchampions, u. a. Max Mankowitz, S. Salman, J. Canabate, H. Brown, I. Uguz, R. Charry, J. Vierra, G. Kidd, B. Sawicki, M. Anderson,

E. Sulauc, M. Cömert, T. Dorsey, D. Sigo, S. Wilson,
B. Bellani

- diverse Siege im Semi-Contact gegen Europa- und
Weltmeister wie z.B. R. Knell, P. Siegoszynski,
J. Weißhardt und W. Lange

Ich kam sogar in die deutsche Hall of Fame vom Welt-
verband der Kickboxer, der WAKO. Das wird kaum
jemandem was sagen. Zur Erklärung: Bislang wurde
von ca. 70 000 WAKO-Mitgliedern nur 16 Personen
diese Ehre zuteil. Geehrt werden nicht nur Sportler,
sondern auch Funktionäre. Also Personen, die für diese Sportart und den Verband extrem viel getan haben.
Mehr war nicht drin. Bis heute ist das Kickboxen keine
olympische Sportart. Meinen Traum, einmal olympi-
sches Gold zu holen, hätte ich also nie verwirklichen
können.
Trotz all der Erfolge habe ich mit den Kämpfen nie viel
verdient. Das ist nicht wie beim Boxen. Da kann man
eine Menge Kohle verdienen, weil die Kämpfe groß im
Fernsehen übertragen werden. Und wer im Fernsehen
ist, bekommt Sponsoren. Leider war unsere Sportart
für das Fernsehen uninteressant und angeblich auch zu
brutal. Wir bekamen einen Pokal, kämpften, weil es
Spaß machte und weil es einfach nur ums Gewinnen
ging.

Ansonsten war mein Leben recht eintönig, zumindest
in dieser Zeit. Es gab immer nur Sport, Sport, Sport
und natürlich auch die Arbeit. Martina und meine
Tochter Angelina mussten leider viel auf mich verzichten. Auch im Privaten, im Freundeskreis, hatte ich fast

nur mit Kampfsportverrückten zu tun. Und häufig, bei großen Kämpfen, kamen auch die Verbrecher: Zuhälter, Dealer, Geschäftemacher, Rocker. Diese Leute zieht es an den Ring, weil sie der Kampf Mann gegen Mann reizt. Sie wollen Blut sehen oder wenn einer schwer k. o. geht. Das ist für die interessant. Ich gehe auch heute noch zu den größeren Box- und Kickboxevents. Man trifft da alle von früher. Mittlerweile bin ich durch meinen Job noch bekannter geworden, und dann grüßt man sich eben am Ring. Shakehands hier, Shakehands da. Ist ein besonderes Völkchen, das da so rumrennt.

Damals kannte ich die Verbrecher- und Rotlichtszene überhaupt nicht, als braver Postbeamter. Aber sie mich! Sie haben meine Kämpfe gesehen und hatten Respekt vor mir. Ich habe mit einigen trainiert, nicht wissend, wer sie sind. Erst später merkte ich, welche Rolle der eine oder andere in der kriminellen Szene spielt. Es ist nicht so, dass ich naiv war, sondern es interessierte mich einfach nicht. Ich war in meinen Sport vernarrt.

Boxer und Kickboxer sind ein bisschen unterschiedliche Typen. Die Kickboxer kamen von einer traditionellen Kampfsportkunst her. Da geht es um Disziplin, Technik, Körperbeherrschung. Beim Boxen scheint heute nur noch das Geld zu zählen und nicht der ursprüngliche Gedanke, dass der Sport eine Kunst ist. Deswegen treibt sich die kriminelle Szene ganz stark beim Boxen rum, das ist auch heute noch so.

Erst 1994, als ich mich im Security-Business selbständig machte, tauchten Namen und Gesichter, die ich eigentlich nur vom Training her kannte, in einem ganz anderen Zusammenhang auf. Auf einmal musste ich die

Leute neu einordnen. Ich merkte, dass unter meinen früheren Sparringspartnern einige Verbrecher gewesen waren. Es kommt eben aus meiner Kickboxzeit, dass ich so viele von denen kenne, die sich in der Berliner Unterwelt so rumtreiben. Ich hatte teilweise ein enges Sportlerverhältnis zu ihnen. Wenn man mal gegen- oder miteinander gekämpft hat, verbindet das. Die Jungs wussten von Anfang an: Der Kuhr ist ein totaler Polizeifreund. Mit krummen Dingern will er nichts zu tun haben. Aber er war, ist und wird immer noch unser Kumpel und Idol aus Sportzeiten bleiben.

Und dann stand ich plötzlich an den Türen und hörte die Geschichten über alle meine früheren Partner. Womit die Geschäfte machen. Wer wann wie lang gesessen hat. Und wer ein Verbrecher ist. Ich konnte nur ahnen, was alles auf mich zukommen würde.

DIE TÜRSTEHER-SZENE

Mit dem Job als Türsteher habe ich eigentlich schon während meiner Kickboxkarriere begonnen. Einer meiner Sportsfreunde arbeitete als Türsteher, und als eines Tages ein Kollege von ihm ausfiel, fragte er mich spontan, ob ich einspringen wolle. Das war 1982. Meine ersten Clubs, wo ich arbeitete, waren das »Sudhaus« in Moabit, das »Society« in der Budapester Straße, das »Twenty-Five« im Europa-Center und am Adenauer Platz und später das »Sektor« in der Hasenheide. Das waren harte Zeiten: sechs Tage die Woche morgens als Postzusteller arbeiten, sechsmal die Woche Training. Und Freitag und Samstag habe ich nachts an Türen gestanden.

Freitags ging ich nach dem Training kurz nach Hause, umziehen und ab in den Club zum Arbeiten. Dort war ich bis morgens um 4 Uhr. Anschließend wieder schnell nach Hause, ein Stündchen dösen und wieder los zur Arbeit. Nach der Arbeit legte ich mich für drei bis vier Stunden schlafen, bevor ich wieder zum Training fuhr und dann abends an der Clubtür stand. Zu dieser Zeit, also wenn ich freitags und samstags als Türsteher arbeitete, trainierte ich nur einmal am Tag. Mehr schaffte ich da nicht. Und am Sonntag ging gar nichts mehr. Da war ich fertig mit der Welt.

Überhaupt war der Türsteher-Job eine Katastrophe für meine körperliche Fitness. Zwei Jahre lang arbeitete ich so rund um die Uhr, aber dann ließ ich im Sport nach und begann, Kämpfe zu verlieren, so 1983. Das Programm, das ich da jede Woche abspulte, zehrte richtig an meinen Kräften, und so ließ die Kondition deutlich nach. Und natürlich macht es sich bemerkbar, wenn man nur noch einmal statt wie üblich zweimal am Tag trainiert. Das Nachtleben schlaucht selbstverständlich auch. Da kann man seinen sportlichen Ehrgeiz eigentlich an den Nagel hängen. Also habe ich dann erst mal aufgehört, alles gleichzeitig zu machen, und nur noch bei der Post gearbeitet und trainiert.

Den Türsteher-Job habe ich am Anfang eher aus Spaß gemacht, nicht nur wegen dem Geld. Ich stand da sieben Stunden, es kamen viele Kollegen, Leute, die ich sowieso kannte. Und früher war das ein ganz anderes Arbeiten. Man stand im Hintergrund und war einfach nur da. Der Chef wusste: Wenn es Stress gibt, ist der Türsteher da. Früher hatte das nichts mit Dienstleistung zu tun. Da wurden Gäste nicht von der Security begrüßt, das war nicht notwendig. Wir konnten an der Bar sitzen, wir sind Streife gelaufen und haben den Einlass kontrolliert. Es war einfach nicht so gefährlich wie heute, und es gab bei weitem nicht so viele Stressmacher.

Ich habe noch nie eine Anzeige wegen Körperverletzung oder so was bekommen. Nicht als Jugendlicher und auch nicht seitdem ich im Security-Business tätig bin. In der gesamten Zeit seit 1982 musste ich mich vielleicht ein Dutzend Mal prügeln. Das ist wirklich selten in der Branche, noch dazu, wenn man so an der Front arbeitet wie ich. Aber Gewalt ist meistens keine Hilfe. Meine »Waffe« war und ist Kommunikation. Ich quatsche die Leute einfach so lange zu, bis sie zur Ruhe kommen, und das, ganz wichtig, mit viel Respekt.

Am häufigsten wird man als Türsteher in Prügeleien verwickelt, wenn man Personen von der Tür abweisen muss oder wenn man im Club Gruppen hat, die miteinander nicht klarkommen. Wenn erst mehrere Leute aufeinander losgehen, sind die Herrschaften meist schon sehr aggressiv. Fast immer sind Alkohol oder Drogen daran schuld. Natürlich kommt man in dem Fall mit Rhetorik nicht weiter, dann muss man erst mal eine »Betäubungsspritze« ansetzen. Im Klartext: zuschlagen – logischerweise nur im Rahmen der Notwehr!

Ganz wichtig ist Menschenkenntnis. Ich habe einen guten Instinkt für Stresssituationen und weiß ganz genau, wann verbale Kommunikation nicht mehr möglich ist. Man sieht das, wenn so ein aggressiver Typ auf einen zukommt. Es gibt Situationen, wo Menschen so krass aggro drauf sind, dass sie nur noch prügeln wollen. Das spüre ich. Und dann muss man wirklich schnell sein. Gerade dann, wenn man so ein Leichtgewicht ist wie ich. Sobald ich erkenne, dass mich ein Typ schlagen will, versuche ich ihm zuvorzukommen. Damit ich nicht selbst Opfer werde.

Den Job als Türsteher habe ich Mitte der Achtziger erst mal aufgegeben. Der Sport war mir – auch zum Geldverdienen – wichtiger, schließlich habe ich auch als

Trainer nebenbei nicht schlecht verdient. Ab 1993 arbeitete ich als Kickboxtrainer, nicht nur in Berlin, sondern auch in Potsdam. Da sprach mich eines Tages in einem Fitnessstudio, in dem ich arbeitete, der bekannteste Großgastronom Potsdams, Nico Gaehn, an. Er wollte einen Club aufmachen und fragte mich, ob ich nicht die Security übernehmen wolle. Es sollte ein Nobelclub werden und »Taro« heißen.

In Potsdam waren die Türen und Clubs beherrscht von Hooligans und Glatzen, also Skinheads oder Nazi-Schläger. Die hatten den ganzen Osten, weil sie dort die einzige Gruppe waren, die mit Gewalt Angst verbreiten konnte. Mit denen wollte Nico aber nichts zu tun haben. Also fragte er mich, ob ich mir das zutrauen würde.

Ich habe nicht gleich zugesagt, denn ich wollte mich erst mal schlau machen. Also erbat ich mir ein bisschen Bedenkzeit. In den nächsten Tagen fragte ich hier und da ein bisschen rum und stellte fest, dass ich schon ganz gute Connections hatte. Ich kannte einige Berliner Hooligans vom Training. Also fragte ich sie, ob es Probleme geben könnte, wenn ich in Potsdam einen Club betreue. Die Botschaft war klar: »Mach dir keine Sorgen, wir stehen hinter dir, und die Hools in Potsdam kriegen 'ne Meldung, dass wir hinter dir stehen.« Okay, das Thema war also erledigt.

Aber ich wollte noch die Meinung von Klaus Speer hören. Er war in den 60er und 70er Jahren als »Pate von Berlin« oder als »Kiezkönig« bekannt. Ich kannte ihn, weil ich früher oft in seinem Boxgym trainiert hatte. Er war jahrelang Boxpromotor. Heute ist er ein angesehener Kaufmann. Schon damals verband uns eine tiefe

und respektvolle Freundschaft, also suchte ich Rat bei
ihm. Mein Vorhaben, zu 100 Prozent mit der Polizei
zusammenzuarbeiten, stand zwar ohnehin schon fest,
aber seine Meinung war mir eben auch wichtig. Er sagte mir ganz deutlich: »Die Geschäfte im Nachtleben
sind sehr brutal geworden. Zu meiner Anfangszeit galt
noch das Faustrecht. Jetzt sind immer öfter Messer und
Schusswaffen im Spiel. Mit den ausländischen Großfamilien und den Rockerbanden darfst du niemals Geschäfte machen. Dann hast du verloren. Arbeite am
besten nur mit der Polizei zusammen. Dann bleibst du
unabhängig, und das ist der Schlüssel zum Erfolg. Meine Erfahrung lehrte mich, dass die Männer in Grün die
stärkste und einflussreichste ›Gang‹ in der Stadt sind.«
Ich konnte mich also in meinem Vorhaben durch Klaus'
Aussage bekräftigt fühlen und wusste, wenn ich seine
Hilfe doch einmal brauchen sollte, wäre auch er Tag
und Nacht für mich da. Mit Rückendeckung durch die
»stärkste Gang« der Stadt meldete ich also 1994 ein Ge-
werbe für Security an und machte gleichzeitig einen
Lehrgang. Das war damals noch einfach. Man musste
fünf Tage die Schulbank drücken und ein bisschen
Rechtskunde pauken. Genauso wie heute muss man als
Sicherheitsmitarbeiter wissen, was man als privater
Wachmann darf und was nicht. Also auf keinen Fall:
sich als Polizist aufspielen und hoheitliche Aufgaben
übernehmen, sondern nur gemäß den Jedermannsrech-
ten handeln.
Und dann bekam ich meinen ersten Club, in Potsdam.
Ich stand da aber nicht als einer von der Berliner Hooligan-Szene, sondern als korrekter Sicherheitsmann
und als Michael Kuhr. Die kannten mich ja, alle wuss-

ten: An der Tür steht der ehemalige Weltmeister. Und meine Mitarbeiter, so sechs, acht Leute, waren ebenfalls alle Sportler.

Grundsätzlich haben uns die Hools aus Potsdam in Ruhe gelassen. Aber eines Morgens nach »Feierabend«, ich war mit meinen Jungs schon auf dem Weg nach Hause, klingelte plötzlich mein Telefon. Es war eine der Tresenkräfte aus dem Club, völlig aufgelöst. Vor ihr standen zehn Hools im Club und wollten was trinken. Die Mädels hatten vergessen, die Tür hinter uns zuzuschließen, und nun standen die da. Ich musste also wieder zurück und auch noch ein paar meiner Leute informieren, so viel war klar. Leider erreichte ich nur einen Einzigen.

Ganz ehrlich: Wir hatten Schiss.

Zehn Glatzen in Springerstiefeln standen in dem Tanzclub. Ich bin zu einem von denen hin, der offensichtlich das Zepter in der Hand hatte, und sagte: »Können wir bitte mal unter vier Augen reden.«

Er folgte meiner Aufforderung.

»Unsere Mädels hier machen sich vor Angst fast in die Hosen, weil ihr hier so auffahrt. Müssen sie Angst haben?«

Der Hool war überraschend nett, sogar freundlich: »Wir tun nix. Wir hatten nur Bock, was zu trinken.«

»Versprochen?« – »Versprochen.«

Und dann fragte er, fast schon mit Respekt in seiner Stimme: »Und dafür bist du extra zurückgekommen?«

»Ja, klar, ist mein Job. Und ihr habt eben einen schlechten Ruf.«

Der Ruf, der ihnen vorauseilte, war, dass sie versuchten, an möglichst vielen Orten die Türen zu bekommen, um Geschäfte zu machen. Als sie dann das Feedback aus Berlin bekamen: Achtung, das ist unser Kumpel, unser Trainer, da ließen sie die Finger von mir.

Eigentlich waren und sind nicht nur die Hooligans ein Problem. Das Gleiche machen die ausländischen Großfamilien oder Rockerbanden auch: Sie verbreiten Angst, sie schüchtern Leute ein, machen Druck, um die Macht über die Tür und die Kunden zu kriegen. Sind sie erst mal in einem Club drin, können sie da ungestört ihre Drogen verticken und Prostitution betreiben beziehungsweise neue Frauen dafür gewinnen. In aller Ruhe.

Das läuft meist so, dass es eine Schlägerei gibt. Dann bekommt der Clubbetreiber einen Anruf, und es wird gesagt:»Ihr hattet doch letzte Woche eine Schlägerei an eurer Tür, ihr habt ja schlechte Türsteher! Nehmt lieber einen von uns, dann habt ihr keinen Stress mehr.« Wenn der Clubbesitzer das ablehnt, dann gibt es in der nächsten Woche wieder eine Schlägerei und Stress. Und so geht das dann weiter, bis der Clubbetreiber eines Tages nachgibt. Er hat natürlich Angst, weil er bedrängt und eingeschüchtert wurde. Und er glaubt: Wenn ich die an die Tür nehme, ist wieder Ruhe. Ein Trugschluss!

Denn ab dem Moment hängt er mit drin. Ist abhängig. Die lassen niemanden freiwillig aus ihren Kreisen entkommen. Eine seriöse Sicherheitsfirma muss man ohne Probleme kündigen können, ohne dass es danach Stress gibt. Das ist der große Unterschied.

Im Wedding gab es genau diese Situation. Zuerst standen im »Joe am Wedding« deutsche Türsteher an der Front. Dann gab es dort aber immer öfter Stress mit Ausländern. Der Besitzer wollte wieder Ruhe in den

75

Laden bekommen, also nahm er sich einen von den Ausländern als Türsteher rein. Unter seinen Landsmännern sprach sich das schnell rum. Logisch, dass sie ihn dann in »seinem« Club ständig besuchen kamen. Die deutschen Gäste wurden durch das zum Teil sehr aggressive Verhalten der Ausländer verschreckt und blieben dann weg. Irgendwann waren einfach zu viele aggressive ausländische Gäste im Club. Das wollte der Betreiber nicht, also machte er den Club dicht. Es kam ein neuer Besitzer: Werner Lichtenberg. Ich kannte ihn vom Boxen. Und Werner fragte mich, ob ich die Tür dort übernehmen könnte. So kam ich also zu meinem ersten Club in Berlin.

Ich kannte den ausländischen Türsteher, der vor mir die Tür dort gemacht und so oft seine Apachen reingeholt hatte. Von früher, als ich 15, 16 gewesen war. Besser gesagt: Er kannte mich. Denn ich war in dem Alter immer in Reinickendorf in eine Disco gegangen, die »Sloopy« hieß. In der Nähe der Disco, am Kurt-Schumacher-Platz, gab es einen Laden, wo die Pizza nur 1,50 DM kostete. Da bin ich nachts oft hin. Und der Verkäufer war eben genau dieser Typ gewesen.

Vor der Neueröffnung rief mich der Typ an und wollte sich mit mir treffen. Nur mal reden. Also traf ich mich mit ihm. Sein Anliegen war eindeutig: »Wenn du jetzt die Tür hier machst und wenn es mal Probleme gibt, dann kannst du dich bei mir melden.«

Ich: »Wie, Probleme?«

»Du weißt schon: P-r-o-b-l-e-m-e!«

»Wo soll es hier Probleme geben?« Natürlich wusste ich genau, worauf er hinauswollte.

Er: »Na, wir sind hier im Wedding.«

Darauf konnte ich kontern: »Tja, und ich bin hier geboren, Mann. Schau mal, da drüben, in der Kirche hab ich geheiratet, und daneben hab ich gewohnt. Also, was willst du jetzt von mir?«

»Schon gut, aber jetzt sind eben wir hier.«

Jetzt wurde es mir doch zu bunt: »Das ist mein Wedding, und nicht deiner. Ich werde bestimmt nicht dich um Erlaubnis bitten, hier meinen Job machen zu können.«

»Okay. Wenn du meinst, dass du das durchziehen musst. Aber wundere dich nicht über Probleme. Ohne mich wirst du die nicht los!«

Noch einmal machte ich ihm klipp und klar deutlich, dass ich auf seine Hilfe gut und gern verzichten kann. Ich hatte meine eigenen Leute und wollte es drauf ankommen lassen. Und im Notfall die Polizei rufen.

Dann kam der Abend der Eröffnung. Es war ein Riesending: wahnsinnig viele Leute, und die Polizei war natürlich auch da. Irgendwann ließ sich der ehemalige Türsteher auch blicken. Er wurde erst mal von der Polizei an die Wand gedrückt und auf Waffen kontrolliert. Anschließend kam er auf mich zu und fragte: »Wieso ist denn hier so ein Riesenpolizeiaufgebot?«

Ich antwortete schlicht: »Wo Kuhr ist, ist auch die Polizei. Und das kannst du gern überall rumerzählen.«

Genau das muss er wohl getan haben, denn es sprach sich rum, sehr schnell sogar.

Als Türsteher wollte ich von Anfang an gute Beziehungen zur Polizei haben. Ich bin ja schon mit denen groß geworden. Viele Schüler von mir waren später zu Spezialeinheiten der Polizei gekommen. Die kannten mich also gut. Wenn die mit ihrer Truppe nachts unterwegs waren und wussten, an welcher Tür ich stehe, kamen sie eben öfter mal vorbeigefahren, um Präsenz zu zeigen. Die Zusammenarbeit mit der Polizei war für mich der einzige Weg zum Erfolg. Natürlich kann man »Erfolg« unterschiedlich definieren. Die Verbrecher halten sich vielleicht für erfolgreich, weil sie viele Drogen und Frauen haben und damit Geld verdienen. Das ist aber kein Erfolg für mich.

Es ist eine ganz einfache Entscheidung: mit oder gegen das Gesetz. Natürlich hätte ich auch einen anderen Weg gehen können, denn ich habe ja auch mit den anderen trainiert: die Hooligans, die Rocker, die Ausländer. Ich habe denen aber immer die Stirn geboten und mein Ding durchgezogen. Ich lasse mich nicht einschüchtern. Und wenn sich das herumspricht, dann haben die auch Respekt.

Wenn man sich einmal abhängig macht von Kriminellen, wird man sie nicht mehr los. Die hängen an einem wie Kletten. Es gibt viele Security-Firmen in Berlin, die sich in diese Abhängigkeit begeben haben, mehr als man vermuten würde. Ich bin nach wie vor froh darüber, dass ich die Weichen von Anfang an richtig gestellt habe. Es hätte ja wirklich auch anders laufen können.

Das »Palace« im Wedding habe ich insgesamt sechs, sieben Jahre lang betreut. Ich war der König der Club-Security und hatte viele Kunden. Bis heute sind es an die 30 Discotheken. Das Problem ist leider, dass so viele Clubs ständig auf- und wieder zumachen.

Die Organisation bei mehreren Discotheken war und ist für mich nicht einfach. Die ersten Jahre fuhr ich jede

Nacht zwischen den Läden hin und her. Ich ging gewissermaßen auf Streife. Sobald es irgendwo Stress gab, bekam ich einen Anruf und düste sofort los, als Erste Hilfe. Ich hatte immer noch einen Mitarbeiter dabei. Auf der Fahrt zum Brennpunkt riefen wir dann oft schon die BAO-Türsteherstreife vom LKA Berlin zur Unterstützung an. Wir hatten enorm viele Schlägereien im Wedding, oft auch sehr blutige.

Da kam es auch mal zu einer der heftigsten Szenen, an die ich mich überhaupt erinnern kann. Eines Abends war ein Mitarbeiter von uns privat als Gast im Club. Er war eigentlich ein ganz lieber Kerl, aber an dem Tag muss er was genommen haben. Koks, Tilidin oder so was. Etwas, das aggressiv und schmerzunempfindlich macht. Er war ein bulgarischer Riese, gut zwei Zentner schwer, und an dem Abend war er mit seiner Freundin da. Die beiden müssen einen Streit gehabt haben, denn auf einmal boxte er sie mitten ins Gesicht. Ich stand hinter ihr, so dass sie mir direkt in die Arme flog. Kaum hatte ich sie aufgefangen, brüllte ich ihn an: »Was machst du denn? Hast du sie noch alle?«

Zum Glück waren noch mein Partner Peter und Paul und Alex, die zwei Russen in meinem Team, dabei. Denn als ich ihn so anschrie, ging er auf uns los. Drei meiner kräftigsten Jungs, auch alle jenseits der 100 kg, konnten ihn nicht stoppen. Es gab keine Chance ihn mit Armhebeln oder Haltegriffen unter Kontrolle zu bekommen.

Deswegen muss ich leider sagen: In solchen Momenten sind auch diese ganzen Selbstverteidigungstricks, die man so lernt, völlig für den Arsch. Auf der Straße herrschen andere Gesetze. Kurz gesagt: keine. Total brutal.

Und wenn dann noch Drogen dazukommen und Alkohol, dann ist alles Erlernte nur noch Theorie.

Unser randalierender »Mitarbeiter« jedenfalls war nicht zu halten, wir mussten ihn bewusstlos schlagen. Als die Polizei kam, stand er aber wieder auf, nur, um jetzt auf die Polizisten loszugehen. Irgendwie konnten die ihn dann bändigen.

Ein paar Tage später haben wir uns wieder getroffen. Er sah schlimm aus, sehr schlimm. Und er konnte sich an nichts erinnern. Er hat sich nicht mal entschuldigt oder so – er war sogar sauer auf uns und sagte immer wieder: »Was habt ihr mit mir gemacht? Guck mal, wie ich aussehe!«

Das Perverse war: Seine Freundin wollte sich auch an nichts erinnern. Der Schlag von ihrem Freund, der sie beinahe bewusstlos gemacht hatte, war wie aus ihrem Gehirn gelöscht. Sie sagte nur: »War doch gar nicht so schlimm.« Da versteh mal einer die Frauen.

Für mich aber hatte die Sache schon Konsequenzen. Ich hatte eine andere Seite meines Mitarbeiters kennengelernt, und mir war sofort klar: Der ist nicht tragbar für meine Firma. Also flog er raus. Und damit brach der Kontakt zu ihm ab.

Ein großes Vorbild für meine Arbeit als Türsteher war früher Ahmad Mohammed. Er ist bis heute ein guter Freund von mir, und er hat mich auch schon während meiner Kickboxzeit als Sponsor unterstützt. Achim, wie ich ihn immer nenne, ist Libanese und war bis vor zehn Jahren der bekannteste Bodyguard Deutschlands. Gegen ihn war ich ein Nobody. Ein Zwei-Meter-Mann und ich, der sprechende Embryo.

Dass ich mal bekannter werden würde als Achim, das hätte ich nicht gedacht. Er war hinter jedem Promi zu sehen und hat bisher wesentlich mehr Stars bewacht als ich. Zum Beispiel betreute er Muhammad Ali, als dieser in Berlin war. Muhammad Ali wollte das, weil sie beide Moslems sind. Aber vor etwa zehn Jahren musste Ahmad sich aus gesundheitlichen Gründen aus dem Medienrummel etwas zurückziehen, weshalb er viele TV-Anfragen an mich weiterleitete. Ahmad hat quasi dafür gesorgt, dass ihn nicht irgendjemand im Fernsehen ablöst. Er wollte, dass ich den »Job« übernehme. So kam es, dass viele Reportagen über mich und meinen Job im Fernsehen gesendet wurden.

Der Bekanntheitsgrad meiner Firma wuchs mit jeder Reportage enorm, selbst über die Grenzen Deutschlands hinaus. Häufig werden diese Reportagen sogar als Lehrmaterial im Unterricht in Ausbildungszentren für Bodyguards verwendet: Wie löst man Konflikte, ohne dass sie eskalieren? Und auch im Internet kann man mich »im Einsatz« sehen, mittlerweile habe ich schon zehn Millionen Klicks auf YouTube. Wahnsinn!

Achim kenne ich schon extrem lange. 1982 arbeitete ich mal an einer Tür, da musste ich ihn sogar rausschmeißen. Zu dem Zeitpunkt hatte er mit Security noch gar nichts zu tun, er war ein normaler Gast. Ich weiß noch, dass eine junge Frau auf mich zukam und sagte, da rempelt einer auf der Tanzfläche.

»Wie sieht er denn aus?«, fragte ich sie.

»Groß, breit und Ausländer.«

Mir war sofort klar, wen sie meinte. Mist, dachte ich, das ist ja der Riese. Ich bin dann also auf die Tanzfläche und erklärte ihm, dass das so nicht funktioniert. Er war superfreundlich und hatte kein Problem damit, dass ich ihn hinauskomplimentieren musste.

Durch den Sport haben wir uns dann richtig kennengelernt. Achim war lange einer meiner größten Fans, daraus ist eine ganz enge Freundschaft entstanden.

Beruflich gibt es bei uns jedoch einen ganz großen Unterschied. Ich arbeite zu 100 Prozent mit der Polizei zusammen und Achim eben gerade nicht. Er hat seine sehr großen und einflussreichen Familien, die ihm im Problemfall zu jeder Zeit Unterstützung geben. Durch seine Kontakte zu diesen Großfamilien ist er sehr einflussreich und braucht in der Regel die Polizei nicht. Bei den Arabern ist er der ganze Stolz, weil er eben schon so viele Weltstars beschützt hat.

Der gesamte Familienclan von Achim weiß, dass wir befreundet sind. Manchmal ist er wie ein großer Bruder für mich. Dadurch lassen mich viele von den Großfamilien in Ruhe. Er hält in gewisser Weise die Hand schützend über mich, obwohl ich ihn nie darum gebeten habe. Das ist viel wert, wenn man nicht ständig Stress mit der arabischen Unterwelt hat!

Ich habe nichts gegen Ausländer, im Gegenteil, meine besten Freunde sind Ausländer. Nur leider sind sie es, die sich im Bereich des Nachtlebens immer mehr ausbreiten. Ende der Achtziger und Anfang der Neunziger zogen sich die deutschen Türsteher von den Clubs im Westteil Berlins größtenteils zurück, und Ausländer übernahmen das Geschäft. Sie hatten begriffen, dass die Deutschen sich leicht wegdrängen lassen, wenn man ihnen mal die Knarre zeigt. Gelegentlich kam das aber auch im Ostteil der Stadt vor.

Auch das »Tollhaus«, eine große Discothek in Berlin-Lichtenberg, fiel dieser Taktik Ende der Neunziger zum Opfer. Immer montags gab es dort den Gastronomentreff. Da waren alle anderen einschlägigen Clubs zu, und es konnten sich die Leute treffen, die sonst immer in ihren eigenen Clubs arbeiten mussten. Überwiegend waren es deutsche Gäste und auch deutsche Türsteher.

Eines Montags kam es zu einer Riesenschlägerei mit Ausländern, und dann folgte die übliche Masche. Einer der ausländischen Kriminellen, die das mit der Schlägerei zuvor organisiert hatten, kam anschließend zu den Jungs an die Tür und sagte: »Ihr hattet hier Stress mit Ausländern? Wenn ihr mich an die Tür nehmt, habt ihr wieder Ruhe!«

Also stand fortan ein Apache mit an der Tür, und nach einiger Zeit waren montags mehr Ausländer als Deutsche im Club. Das gefiel dem Besitzer überhaupt nicht, also sagte er zu den Jungs, dass sie das wieder in den Griff bekommen sollten. Daraufhin resignierten die Türsteher und meinten – eigentlich eher ironisch –, er solle sich für montags andere Leute holen. An den anderen Tagen, an denen der Club geöffnet war, gab es diese Probleme nicht. Also nahm Besitzer Carlo seine Leute beim Wort und suchte sich für montags ein neues Team. Carlo rief mich an. Er hatte viel von mir gehört, und es hatte sich rumgesprochen, dass ich mich nicht einschüchtern lasse. Er wollte, dass der Prozentsatz an Ausländern montags von 60 auf zehn bis 15 Prozent reduziert würde. Ich nahm den Job sofort an.

Gleich am ersten Tag, an dem wir im »Tollhaus« das Zepter übernommen hatten, gab es einen Riesenauflauf. Natürlich auch mit sehr viel Polizeipräsenz. Denn es war klar: Der Kuhr hat ein Problem. Zum einen mit der Hooligan-Szene, weil ich ihnen den Montag abgenommen hatte. Sie schienen das Problem allein nicht lösen zu können und waren wohl irgendwie sauer auf mich. Zum anderen mit den Ausländern, denen ich ja nun sagen musste: Hier nicht mehr!

Die Polizei war natürlich vorab informiert, denn ich stand mit ihnen ohnehin in ständigem Austausch. Ich hatte schon damals einen guten Kontakt zu den Leuten der BAO. Die sagten mir auch: »Du wirst Stress kriegen.«

Mein langjähriger Freund und Mitarbeiter, Ralf, war nicht so begeistert von der ganzen Aktion. Natürlich hatte er nicht ganz unrecht: Es gab nur die übliche Bezahlung, das Risiko aber war enorm hoch. Trotzdem wusste ich: Wenn wir das schaffen, würde die ganze Stadt über uns reden. Dann wüsste jeder, dass wir uns nichts bieten lassen. Das erzeugt Respekt, eine bessere Werbung kann man sich gar nicht vorstellen. Und nicht zu vergessen: Es ist nun mal unser Job! Ein Sicherheitsmann, der nicht bereit ist, bis zum Letzten zu gehen, ist nur eine Marionette seiner Auftraggeber beziehungsweise der Verbrecher.

Ich habe einen Gerechtigkeitssinn. Ich bin Chef einer Sicherheitsfirma und vermittle meinen Kunden, dass ich mit meinen Jungs der Richtige bin, um Sicherheit zu schaffen. Und wenn ich einen Job annehme, dann ziehe ich das auch durch.

Es hat sich dann so was von rumgesprochen, dass wir montags an der Tür im »Tollhaus« standen. Mit der Polizei! Schon vor dem ersten Abend hatten alle gewusst, dass jetzt Kuhr an der Tür steht. Also kamen von Anfang an kaum Ausländer, vielleicht fünf Prozent, und nicht die einschlägigen Typen. Von einem Tag auf den anderen kamen wieder mehr deutsche Gäste. Die wollten das eben so, in Lichtenberg. Auch die vielen Gastronomen hörten von meinem Erfolg und kamen wieder ins »Tollhaus«. Ich habe also wieder den Gastronomentreff daraus gemacht, der er vorher war.

Eines Tages kam auch wieder der Typ, der vorher die Tür hatte. Freundlich war er, diesmal ganz freundlich. Er hatte Respekt. Und den bekommt man nur, wenn man denen von der Unterwelt zeigt: Ich bin bereit zu kämpfen gegen die Kriminalität, und ich habe das Gesetz auf meiner Seite.

So ungern man es auch zugeben will, Fakt ist, und das besagt meine Erfahrung: Der meiste Stress in den Clubs entsteht durch Ausländer. Ich würde sagen, bestimmt zu 95 Prozent hat man es dann mit Arabern, Türken, Kurden oder Staatenlosen zu tun. Zumindest ist das hier in Berlin in den Clubs so, die ich betreue. Als ich angefangen habe, ließ ich natürlich viele von denen rein, weil ich sie ja von der guten Seite aus dem Training kannte. Aber dann merkte ich, dass sie die Unruhestifter sind. Also wurde von den meisten Clubbesitzern eine Grenze gesetzt, wie viele Ausländer in ihren Club dürfen: meist so 15 bis 20 Prozent. Sie hatten einfach keinen Bock mehr auf diesen ständigen Stress.

Oft läuft es so ab, dass verschiedene Gruppierungen, die sich nicht mögen oder sich gar hassen, im Club aufeinandertreffen. Die streiten und prügeln sich dann. Es sind meist verschiedene Familien. Da geht es um Macht oder einfach um die »Ehre«. In der Ehre verletzt fühlen sie sich zum Beispiel, wenn sie an der Tür abgewiesen werden. Ein Deutscher ist beleidigt und geht nach Hause. Einer von den Ausländern, die ich meine, flippt total aus und will sich das nicht gefallen lassen. Es ist ihre Mentalität. Wenn man dann ausgerechnet den Sprössling einer der einschlägigen Großfamilien abweist, gibt's auf alle Fälle Ärger. Wenn man Pech hat, fahren die wirklich mit der ganzen Familie vor und machen den Laden platt.

Ich hatte das noch nie, eben weil ich die Strippenzieher meistens ganz gut kenne und sie mein »Nein« an der Tür akzeptieren. Manchmal kann ich die Reaktionen aber auch verstehen, denn es ist schon oft sehr demütigend für diese Ausländer. In kaum einem Club sind sie wegen ihres schlechten Rufs erwünscht. Machen wir uns nichts vor: Die Integration läuft alles andere als gut, und willkommen waren die Ausländer in vielen Bereichen der Stadt lange Zeit nur den Politikern und Intellektuellen. Sie wurden einfach nicht angenommen und akzeptiert. Diese Stimmung schlägt einem dann noch abends an der Discotür entgegen. Und dann eskaliert es. Irgendwie verständlich.

So könnte es sein. Vielleicht. Aber für einen kleinen Teil der Ausländer ist es eher so eine Art Machtspiel. Albern eigentlich. Es gibt sogar Trittbrettfahrer, die faseln was von »Ehre« und »Du kennst wohl nicht meine Familie« und »Dann kommt mein großer Bruder«. Obwohl sie gar nichts mit den einschlägigen Familien zu tun haben, die die Unterwelt beherrschen. Mittlerweile kenne ich diese Tricks, und dann kann mir so ein Spaßvogel erzählen, was er will. Mit oder ohne Familie: Wenn er nicht in den Club passt, kommt er auch nicht rein.

Am Eingang sind manche zunächst noch freundlich und nett, aber drinnen verwandeln sie sich. Vor allem, wenn sie getrunken haben. Alkohol und Drogen machen die meisten Menschen aggressiv. Dann haben wir mit Deutschen natürlich auch mal Stress. Aber viel seltener, finde ich.

Nun wollte ich aber nicht als ausländerfeindlich dastehen und jeden abweisen, der wie ein Apache aussah. Also habe ich als einer der Ersten meine Tür-Politik geändert: Jeder Ausländer musste an der Tür seinen Ausweis abgeben, wenn er in den Club wollte. Ja: Nur die Ausländer! Da gab es schon Tumulte. Die Ausländerbeauftragte von Berlin hatte uns gleich angeschrieben, weil es Beschwerden wegen Diskriminierung gab. Aber meine Maxime hat sich durchgesetzt. Weil sie richtig war und alle sehen konnten, dass es weniger Ärger gab. Denn ich hatte im Zweifel alle Personalien.
Und die Sache war auch noch für was anderes gut: Wenn sich einer aufgeführt hat, weil ich seinen Ausweis wollte, war das für mich ein Zeichen, dass ich ihn nicht reinlassen sollte. Mit der Zeit gewöhnten sich die Leute daran. Ich habe ihnen erklärt: Ich hab nix gegen Ausländer, ich bin im Wedding groß geworden, meine meisten Freunde sind Ausländer. Deswegen nennen sie mich manchmal in der Berliner Unterwelt Ali Kuhr.
Irgendwie musste ich ja rausfinden, wer ein »guter« und wer ein »schlechter« Türke, Araber, Libanese usw. ist. Also Ausweis her, sonst geht's nicht in den Club. Ich versteh schon, dass das diskriminierend rüberkommen kann. Wenn man als Ausländer an die Tür kommt und erst mal den Ausweis abgeben soll. Das ist alles

andere als fair. Aber ich muss sagen, an meinen Türen haben das alle verstanden.

Die »Guten« haben sich nicht aufgeregt, die kennen ja die Problematik. Das Problem der Ausländer ist ja, dass sie alle in einen Topf geworfen werden. Viele arbeiten oder studieren, sind wirklich fleißig und werden aufgrund ihres Aussehens verdächtigt, kriminell zu sein. Das stinkt denen natürlich. Aber nicht wegen uns – sondern wegen den eigenen kriminellen Landsmännern.

Die »Schlechten« werden sofort aggressiv, wenn man den Ausweis verlangt. Da werden einem dann die üblichen Floskeln an den Kopf geworfen: »Weißt du nicht, wer ich bin?«, »Ich fick dich!« oder »Ich fick deine Mutter!« und all den Quatsch. Wie oft ich schon den Spruch gehört habe: »Ich fick dich, Alter!«

Einmal habe ich einen beiseitegenommen, der mal wieder meine Mutter »ficken« wollte. Dem habe ich gesagt: »Du, das passt gut. Meine Mutter hat morgen Geburtstag, die wird 70 und würde sich geschmeichelt fühlen, wenn so ein junger Typ noch Bock auf sie hat.« Der war geschockt! Er rief nur »Du kranke perverse Sau!« und hat sich dann verdrückt. Manchmal muss man einfach etwas unorthodoxe Wege gehen, um ans Ziel zu kommen. Jedenfalls war der Typ weg, und ich hatte keinen Stress, aber meinen Spaß.

Insgesamt konnte ich immer recht cool und gelassen an den Türen arbeiten, denn ich kannte viele von den Großfamilien. Bruder, Onkel, Vater. Von einigen habe ich sogar direkt die Handynummer. Wenn so'n jungscher Spund mal wieder etwas zu sehr aufdrehte und respektlos wurde, war der ganz schnell ruhig, wenn er

merkte, dass ich einen Draht zu seinem Familienoberhaupt habe. Die wollen oft nämlich überhaupt nicht,
dass sich ihre Jungs so aufführen. Dann war der Respekt plötzlich wieder ganz groß, und sie beruhigten
sich und zischten ab. Mir war und ist das Reden eh immer lieber, als sich schlagen zu müssen.
Also noch mal ganz klar zum Mitschreiben: Ich habe
nichts gegen Ausländer. Selbst meine Lebensgefährtin
ist »nur« zur Hälfte Deutsche. Aber ich habe ein Problem mit Menschen, wenn sie kriminell sind und dazu
noch meine Kunden bedrohen. Da ist mir die Herkunft
total egal. Sonst wäre mein Spitzname in der Nachtsze-
ne auch nicht Ali Kuhr!

Wer sagt, dass er nie Angst hat, ist für mich ein Dumm-
schwätzer. Jeder Mensch kommt irgendwann mal an
seine Grenzen und hat vor irgendetwas Angst. Es ist
nur die Frage, wie gut man mit dieser Angst umgehen
kann. Ich sehe Angst als etwas Positives: Angst erhöht
den Adrenalinspiegel, und das wiederum macht wachsam. Wer seine Angst also gut kontrollieren kann, hat
davon Vorteile. Bei körperlichen Auseinandersetzungen ist man zum Beispiel nicht so schmerzempfindlich,
wenn man Angst hat, durch das Adrenalin. Angst ist
also nichts, wofür man sich schämen muss.
Es ist mir schon mehrmals passiert, dass mir der Arsch
auf Grundeis ging. Ich bekomme heute noch Gänsehaut, wenn ich an den 10. August 1996 denke. Ich be-
wachte mit meinen Leuten den Kampf zwischen dem
amtierenden Weltmeister Dariusz Michalczewski und
dem Herausforderer Graciano »Rocky« Rocchigiani.
Die beiden Erzrivalen kämpften im Stadion von St.

Pauli, am Hamburger Millerntor. 20 000 Leute passen da rein.

Solche Veranstaltungen waren nichts Neues für mich, schon öfter hatte ich die Security am Ring und beim Walk-in gemacht. Der Walk-in ist auch ein Teil der Show, aber ich habe noch nie gehört, dass ein Kampfsportler beim Einlaufen ins Stadion oder in die Halle angegriffen wurde.

An diesem Abend stand ich mit einem Dutzend Sicherheitspersonal am Ring und hatte dafür zu sorgen, dass nichts eskaliert. Es war uns absolut bewusst, dass die Situation in der Halle sehr schnell brenzlig werden konnte. Dementsprechend wachsam waren alle. Und dann kam dieses Ende.

Michalczewski galt als eindeutiger Favorit. Doch Rocchigiani dominierte den Kampf. Er deklassierte Michalczewksi, so dass dieser nach Punkten zurücklag. Und dann gab Michalczewski in der siebten Runde den Schauspieler. Nach dem Trennkommando des Ringrichters wurde Michalczewski von Rocky noch mal getroffen. Daraufhin wurde der Kampf wegen Kampfunfähigkeit Michalczewskis abgebrochen, was zu tumultartigen Szenen führte. Bis heute ist nicht klar, ob Michalczewski wirklich geschwächt war oder ob er nur simulierte. Die Punktrichter wollten einen Disqualifikationssieg für Michalczewski. So hätte Rocchigiani disqualifiziert werden müssen, was Michalczewski zum Sieger machen würde. Obwohl der haushoch zurücklag!

Die Halle tobte, und es war klar: Wenn der Schiedsspruch für Michalczewski ausfiele, würden die Zuschauer den Ring stürmen. Ich stand da mit meinen

Männern, den Rücken zum Ring, das Gesicht der Menschenmasse zugewandt; ich spürte richtig, wie es brodelte. Und ich wusste: Wenn die loslegen, die Verbrecher, die Rocker, die Boxer – überrennen die uns glatt! Die waren alle Rocchigiani-Fans, gegen den »bösen dummen« Polen Michalczewski. Gegen Tausende Tobende kann man mit zehn Mann nichts ausrichten, da kann man nur noch Schadensbegrenzung betreiben.

Als die Buhrufe immer lauter wurden und erste Tumulte entstanden, haben wir die Ringabsicherung verstärkt und erst mal noch mehr Personal zusammengezogen. Dann ging ich zu den Richtern und sagte: »Wenn es einen Disqualifikationssieg gibt für Michalczewski, dann können wir nicht mehr für den Ring garantieren. Die reißen den sonst ab. Chaos!«

Also gab es zuerst ein technisches Unentschieden und erst später dann am runden Tisch den Disqualifikationssieg. In der Halle blieb es bei Buhrufen, und es wurden ein paar Pappdeckel geschmissen. Aber der Ring blieb stehen, und wir konnten die Boxer ohne Schaden aus dem Stadion bringen.

Eine andere Situation, in der wir Schlimmeres verhindern konnten, war bei einer großen Veranstaltung, wo sich ein ehemaliger Boxer als Promoter profilieren wollte. Also richtete er einen Boxabend aus, wobei er die Security selbst stellen wollte.

Deshalb gab es bereits im Vorfeld ein Treffen zwischen deren Security-Chef und der Polizei, bei dem das Sicherheitskonzept vorgestellt werden sollte. Er war jedoch völlig unvorbereitet und konnte nichts vorweisen. Das hatte die Polizei offenbar schon stutzig gemacht, so dass es an dem Boxabend eine Personalkontrolle gab. Dabei kam raus, dass einige der Security-Leute die gesetzlichen Voraussetzungen nicht erfüllten. Die Verantwortlichen der Security-Firma – nicht unbedingt das, was man brave Jungs nennt – flippten plötzlich total aus und gingen auf mich los. Die dachten, ich hätte denen die Polizei auf den Hals gehetzt. Was für ein Schwachsinn! Denn das war gar nicht nötig. Dafür hatten sie selber gesorgt durch ihre Planlosigkeit.

Wenn mein Freund Bayram nicht da gewesen wäre, hätten diese Typen mich in aller Öffentlichkeit in Einzelteile zerlegt. Vor Bayram hatte die Unterwelt Respekt, weil er wirklich nie Angst zu haben scheint und ein stadtbekannter Straßenkämpfer ist. Und obwohl er in der Berliner Unterwelt berüchtigt ist, war er noch nie im Knast.

Bayram steht zu mir, als ob wir Brüder wären. Das liegt wahrscheinlich daran, dass ich ihn durch den Sport kennengelernt habe. Wir haben in der Box-Bundesliga zusammen gekämpft, gemeinsam in einem Team für Berlin. Wir »kämpfen« heute noch gemeinsam. Eben nur nicht mehr im Ring! Er allein hat an dem Abend im Estrel dafür gesorgt, dass die Situation nicht vollends eskalierte.

So ähnlich hat mir Tümer in meiner Security-Anfangszeit auch geholfen. Tümer ist der kleine Bruder von der Boxlegende Oktay Urkal. Wenn mir jemand blöd kam von den Clans, stand Tümer hinter mir. Wie mein eigener Bruder hat er allen gezeigt, dass er zu mir steht. Tümer war auch ein sehr starker Boxer, und ich konnte ihn im Finalkampf zur Berliner Kickboxmeisterschaft besiegen. Das haben nur ganz wenige vor mir geschafft.

Tümer hatte davor behauptet, dass ich gegen ihn keine Chance hätte. Er dachte ehrlich, dass ich nicht die Härte hätte, ihn zu schlagen. Mit meinem Sieg hatte ich mir seinen totalen Respekt erkämpft. Und dadurch hat er mich wie seinen eigenen Bruder gegenüber den Clans verteidigt, zumal sein Bruder Oktay einer meiner engsten Freunde ist. Er hat jedoch später leider mit der Dealerei im Drogengeschäft angefangen und wurde für sechs Jahre hinter Gitter gesteckt.

Wenn man in Berlin im Türsteher-Gewerbe ist, kriegt man es früher oder später mit den arabischen Großfamilien zu tun. Der Mechanismus ist immer der gleiche: Es gibt Stress an der Tür, dann kommt das Angebot, den Stress zu verhindern, indem jemand anderer die Tür übernimmt, und dann haben die »Beschützer« die Macht über die Tür – und damit über den Drogenhandel und auch die Prostitution.

Ganz klar: Wenn der Türsteher gleichzeitig der Dealer ist oder den Dealer reinlässt, kann er den Handel kontrollieren. Noch praktischer ist es, wenn der Dealer gleich zur Familie gehört. Das ist der Hauptgrund, weshalb Rocker und die Verbrecher der organisierten Kriminalität, die arabischen Großfamilien, aber auch Türken oder Kurden, die Türen mit ihren Leuten besetzen wollen. Es bleibt alles in der Familie.

Das Nachtleben in Berlin läuft fast nie ohne Drogen. In den noblen Clubs wird vor allem gekokst. In der Regel bringen sich die Gäste das Zeug selber mit. Natürlich nehmen bei weitem nicht alle im Nachtleben Drogen, aber diejenigen, die Koks wollen, suchen sich ihren Club gezielt danach aus, ob sie es dort konsumieren können und gegebenenfalls auch dort bekommen. Und das sollte möglichst einfach sein. Keiner will erst lange draußen nach einem Dealer suchen oder sich auf offener Straße mit ihm treffen. Oft sind das auch Prominente, für die wäre es noch blöder, wenn man sie beim Drogenkauf erwischen würde. Also ist es viel praktischer, wenn der Dealer mit dem Stoff direkt im Club steht oder an der Tür.

Es gibt auch Clubs, deren Sicherheitschefs selbst süchtig sind. Und das sind nicht die unbekanntesten Clubs, im Gegenteil. Da frage ich mich immer, wie so was geht! Jeder weiß es, keiner tut was.

Weil ich nicht mit Drogen handle und auch noch mit der Polizei arbeite, bekomme ich manche Aufträge nicht. Wenn ich aber nicht mit der Polizei arbeiten würde, wäre ich längst nicht mehr unabhängig, sondern einem Clan angeschlossen und somit Teil der kriminellen Szene. Es geht eben nicht ohne Rückendeckung. Die bietet mir die Gang in grüner beziehungsweise blauer Uniform.

Ich habe mich sehr geärgert, als einmal bei einem Nobelclub ein Security-Betreiberwechsel stattgefunden hat. Die wollten mich nur aus dem Grund nicht nehmen, weil bei mir an der Tür keine krummen Dinger laufen. Wenn ich sehe, es kommt ein Gast zu meinem Türsteher und will wissen, wo er Koks kriegt, ist Schluss mit lustig.

Auch Frauen werden mit dieser Druck- und Schutzmasche rekrutiert. Man lädt sie ein und lässt Champagner fließen. Oft sind das junge Mädels aus armen Familien, und die sind dann schwer beeindruckt. Vom Club geht es ins Bordell, und da lockt das schnelle

Geld. Nur zurück geht es nicht mehr ganz so schnell. Da zeigt man ihnen eine Bedrohung. Und bietet ihnen »Schutz«. Typische Zuhälterei.

Wenn ein Club, ein Lokal oder welcher Auftraggeber auch immer eine Sicherheitsfirma engagiert, dann muss die Sicherheitsfirma einen Nachweis über ihre Leute erbringen: dass sie geschult wurden, dass sie mindestens eine Sachkundeprüfung nach § 34 a GewO bei der IHK abgelegt haben und dass sie über ein einwandfreies polizeiliches Führungszeugnis verfügen.

So was haben Verbrecher natürlich nicht. Aber die kennen den Trick: Der Clubbetreiber kann die Männer direkt anstellen, anstatt über eine Sicherheitsfirma zu gehen. Dann schützen sie kein fremdes Eigentum, sondern eigenes Eigentum, und sie vertreten die Interessen ihres Arbeitgebers. Hier gibt es eine gefährliche Gesetzeslücke für Verbrecher, denn diese Angestellten vom Haus brauchen die Nachweise nicht. Obwohl sie genau denselben Job machen wie die Türsteher einer Sicherheitsfirma. Die einen werden bis aufs Unterhemd geprüft, die anderen können machen, was sie wollen. Ich habe die Polizei und die IHK bereits im April 2008 auf diese Problematik aufmerksam gemacht. Leider hat sich bisher nichts geändert an der Gesetzeslage.

Manchmal kannst du dich noch so sehr wehren und sauberbleiben wollen – diese Leute arbeiten eben mit unsauberen Mitteln. Ich hatte einen Mitarbeiter, der machte in Neukölln eine kleine Bar auf. Neukölln ist auch ein »Revier« der Apachen, also von den arabischen Großfamilien. Die sind in Neukölln, Kreuzberg, Charlottenburg und im Wedding, im Grunde in allen

Vierteln, in denen viele Ausländer leben. Im Osten der Stadt sind die Glatzen noch stark vertreten.

Der Laden meines Mitarbeiters lief zunächst ganz gut. Dann kamen eines Abends Typen rein, mit der Parole: »Du, es ist besser für dich und deinen Laden, wenn wir die ganze Zeit über hier sitzen, wenn offen ist. Sonst bekommst du Stress. Du bist hier in Neukölln.«

Natürlich ging er darauf nicht ein. Dann überfielen sie den Laden innerhalb eines halben Jahres dreimal, immer kurz vor Ladenschluss. Aber er hat sich trotzdem nicht darauf eingelassen, denn er wollte die Typen nicht in seinem Laden sitzen haben. Er ist standhaft geblieben und zahlte nie auch nur einen Cent Schutzgeld oder so was. Ich kenne mich da nicht so aus, aber das »Schutz-Geld« ist meistens nicht wirklich viel, vielleicht so 50 Euro am Tag. Den Arabern ist es viel wichtiger, dass sie jemanden im Laden haben, der ansprechbar ist, wenn ein Kunde Drogen haben will. Das bringt dann richtig Geld.

Nach dem dritten Überfall hatte der Mann eines Tages schließlich ein Foto von seiner Tochter im Briefkasten. Jemand hatte sie fotografiert, als sie gerade aus der Schule kam. Daraufhin hat er den Laden geschlossen.

So viel zum Thema Ehre.

Bei mir kommt keiner anklopfen, mein Ruf eilt mir da schon voraus. Klar wird auch in den Läden und Clubs, wo ich für Sicherheit verantwortlich bin, gekokst. Aber niemals offensichtlich, und die Leute bringen sich ihr Zeug selber mit. Ich kann verhindern, dass gedealt wird, aber dass Drogen konsumiert werden, dagegen kann auch ich nichts machen.

Dass mein Weg, nur mit der Polizei zusammenzuarbeiten, richtig war, merke ich täglich bei meiner Arbeit. Ich muss mir nicht diktieren lassen, was ich wo zu tun habe. Im Gegenteil, die Polizei hat ja auch was von der Zusammenarbeit. Wenn man es genau nimmt, bin ich ein ganz klein wenig mit verantwortlich dafür, dass die BAO Türsteher beim LKA Berlin überhaupt erst ins Leben gerufen wurde. Mit meinen ständigen »Hilferufen« bestärkte ich die Polizei bei der Idee, endlich eine Spezialeinheit gegen diese organisierte Kriminalität zu gründen. »BAO« ist die Abkürzung für »Besondere Aufbauorganisation«. Sie ist eine Spezialgruppe vom Landeskriminalamt Berlin, und als sie Anfang 2000 ins Leben gerufen wurde, arbeiteten an die 40 Leute in der Einheit. Sie nahmen die organisierte Kriminalität rund um Clubs, Discotheken, Bars und Bordelle systematisch ins Visier. Also die Geschäfte der arabischen Großfamilien, der Russen, Türken und auch der deutschen Hooligans und Rocker. Der damalige Chef der BAO, Markus Henninger, sprach von etwa 500 Türstehern und noch mal so vielen Kontaktpersonen, die im Hintergrund der organisierten Kriminalität wirken.

Einen großen Teil meines Erfolgs, zumindest im Berliner Nachtleben, verdanke ich dieser Einheit. Im Grunde kann jeder Security auf diese starke und unbestechliche Gruppe zurückgreifen und sich dort Unterstützung im Kampf gegen die Kriminalität in der Clubszene holen. Nur leider tut das keiner so konsequent wie ich.

Im ersten Jahr nach der Gründung der BAO Türsteher gab es 33 Haftbefehle, 57 Festnahmen und 144 Ermittlungsverfahren. Wichtiger als diese Ergebnisse war jedoch der Eindruck, den man durch diese Truppe vermittelt hat: dass die Polizei etwas unternimmt. Dass die Verbrecher nicht tun und lassen können, was sie wollen.

Ich persönlich finde ja, dass von der Polizei oder einer ähnlichen Behörde ein Prüfsiegel für Security-Firmen, die im Nachtleben tätig sind, vergeben werden sollte. Dieses Prüfsiegel sollten nur Firmen bekommen, bei denen definitiv festgestellt werden kann, dass die Geschäftsführer eine saubere Weste haben und keine Machenschaften mit der Unterwelt betreiben. Das Prüfsystem könnte ähnlich aufgebaut sein wie bei einer Eignungsprüfung für das Tragen einer Waffe. Wer die Prüfung besteht, erhält das Siegel, und die Auftraggeber können sich sicher sein, dass diese Firma seriös und mit korrekten Methoden arbeitet. Diese Prüfung muss dann spätestens alle drei Jahre wiederholt werden. Ich kann mir schon vorstellen, wie erschrocken alle sein würden, wenn rauskäme, dass schätzungsweise nicht mal eine Handvoll Security-Firmen in Berlin ein solches Siegel verdient hätte.

Ein großes Problem ist heutzutage auch, dass die normale Schutz- oder Revierpolizei oft gar nicht mehr kommt, wenn wir sie rufen. Wenn wir morgens ab 4 Uhr Stress an der Clubtür mit Leuten aus der Unterwelt haben, dauert es oft ewig, bis die Polizei überhaupt anrückt – teilweise bis zu 30 Minuten. Und dann sind sie oft nur zu zweit und müssen erst mal auf Verstärkung warten. Ich glaube, manche Polizisten haben einfach Angst. Ist ja auch verständlich, denn die Männer in Uniform werden von der Unterwelt meist überhaupt nicht ernst genommen.

Auch die Gewaltbereitschaft ist enorm gestiegen. Viele Verbrecher haben Waffen und benutzen sie auch. Neulich erst haben sie einen Polizisten abgestochen, der musste zweimal genäht werden, am Unterarm. Er wollte jemanden festhalten, dieser zog gleich sein Messer. Und das war nicht das erste Mal, dass ein Polizist durch eine Waffe verletzt wurde. Die Zahlen sprechen da leider eine deutliche Sprache: Wir haben in Deutschland pro Monat rund 300 Angriffe auf Polizisten. Und wenn es eine Massenschlägerei gibt, kriegt man die kaum in den Griff. Früher kam da nach fünf bis acht Minuten gleich ein Mannschaftswagen mit acht Leuten, vor denen hatten die Verbrecher noch Respekt.

Heute gibt es nicht mehr genug Personal, weil die Stadt dafür kein Geld ausgeben will. Berlin ist pleite. Arm, aber sexy, wie unser Regierender Bürgermeister gern betont. Längst hat sich eine Art Negativspirale in Gang gesetzt: Es gibt nicht ausreichend Personal. Die, die da sind, wollen sich nicht abstechen lassen. Wenn's ganz dumm kommt, machen die wenigen dann lieber krank, und dann bleiben nur noch wenige, einsame Polizisten übrig, die den Kampf gegen die Unterwelt aufnehmen. Logisch, dass man da nicht weit kommt.

Überhaupt hat lange Zeit kaum jemand begriffen, welche Macht die organisierte Kriminalität eigentlich darstellt. Und als man das Problem endlich erkannte, gab man den Kampf gegen die arabische Unterwelt in Berlin auch gleich auf. Er ist meiner Meinung nach so gut wie verloren. Man hat einfach zu wenig Personal, um den Kampf gewinnen zu können. Die Zahl der für die Bekämpfung der »arabischen Kriminalität« in Berlin eingesetzten Mitarbeiter beschränkt sich auf maximal zehn, es müssten aber mindestens 30 sein. Und dieser Meinung schließen sich viele der Polizisten an, mit denen ich täglich gegen die organisierte Kriminalität an der Front kämpfe.

Nur mal so am Rande: Wenn in den USA ein vermeintlicher Verbrecher gestellt werden soll, und der zuckt nur falsch mit den Achseln oder macht nicht sofort das, was der Sheriff von ihm verlangt, dann schaut der in das Laufrohr einer Pumpgun. Und wenn's für den Verbrecher schlechtläuft, wird er erschossen, weil der Sheriff sich bedroht fühlte. Bei uns ist so was undenkbar. Es hat alles sein Für und Wider. Aber eines kann man sagen: Da drüben haben die Verbrecher wenigstens noch Respekt vor den Polizisten.

DIE FIRMA

Meine Firma, Kuhr Security, lief von Anfang an sehr gut, und jedes Jahr lief es noch besser. Wir haben jetzt einen Jahresumsatz von über zwei Millionen Euro. Als ich anfing, hätte ich nicht geglaubt, dass es mal solche Ausmaße annehmen würde.

Im engsten Kreis sind es etwa 70 Leute, die regelmäßig mit mir arbeiten. Je nach Bedarf und Auftrag buche ich Subunternehmer dazu. Das können bis zu 150 Leute sein.

Mein großer Vorteil gegenüber anderen größeren Firmen ist, dass ich alle meine Leute persönlich kenne. Ich weiß, wo deren Stärken und Schwächen liegen. Wenn man eine riesige Firma mit Hunderten oder Tausenden von Sicherheitsmännern hat, geht das natürlich nicht. Ich aber bin flexibel genug, dass ich für jeden Kunden und Auftrag den richtigen Mitarbeiter auswählen kann.

Eigentlich sind es zwei Firmen: die Kuhr Security GmbH und die K.I.S.S. Security GmbH. K.I.S.S. steht kurz für Kuhr International Security Service. Ich leite Kuhr Security, da repräsentiere und manage ich vor allem die Aufträge nach außen hin, bin Ansprechpartner für die Kunden. Ich mag es gern persönlich, ich rede gern mit den Leuten und ich habe ein gutes Gespür für Menschen. Deswegen achte ich auch so genau darauf, welchen meiner Leute ich wo einsetze. Man muss wissen, welche Menschen man zusammenbringen kann und wen man wo hinstellt.

Am liebsten mag ich überschaubare Veranstaltungen; Riesenevents, wo man über 100 Leute braucht, sind nicht mein Fall. Da geht es vor allem um Logistik, man muss technisch und organisatorisch kalkulieren. Für solche Großveranstaltungen haben wir im Jahr 2005 K.I.S.S. Security gegründet. Wir, das sind mein Partner Peter Tornow und ich, er leitet die Firma auch zusammen mit meiner Lebensgefährtin Diana. Auch alles rund um das Nachtleben, also die ganzen Clubs, betreut nun Peter, da ich mich voll und ganz auf den Personenschutz und den Veranstaltungsschutz konzentrieren wollte. Diana hat eher den planerischen Part, das heißt, sie schreibt die Sicherheitskonzepte für Veranstaltungen und setzt sie mit mir zusammen um.

Es war immer Dianas Traum, große Veranstaltungen zu organisieren, dafür hat sie eine Ausbildung zur Veranstaltungstechnikerin gemacht. Wir haben uns bei einem Boxkampf in Berlin kennengelernt. Da war sie gerade mal 18 und ich 37. Wir saßen beide im Foyer des Estrel-Hotels auf einem Sofa. Sie sah anders aus als die meisten Frauen dort: nicht so tussenmäßig aufgebrezelt. Sie hat mir sofort gefallen, denn ich stehe nicht so auf gekünstelte Schönheit.

Zu der Zeit arbeitete sie als Fahrerin für einen älteren Boxmanager, der das Frauenboxen in Berlin voranbringen wollte. Das war der ideale Job für sie, weil sie das Boxmilieu schon immer spannend gefunden hatte: den Kampf, aber auch die Atmosphäre mit all den Leuten, Boxern, Sportfans, Promis, C-Prominenz, Verbrechern, Halb- und Unterwelt.

Diana war neun, als die Mauer fiel. Bis dahin hatte sie im Ostteil Berlins gelebt. Als Kind war sie beim Kunstturnen, trainierte fünfmal pro Woche mindestens zwei Stunden. Dann erging es ihr wie mir: Mit zwölf hat sie zum ersten Mal einen Karate-Film gesehen, und von da an lernte sie Vollkontaktkarate.

Als ich sie da im Estrel sitzen sah, dachte ich: Ist die hübsch! Angesprochen habe ich sie auf ihre Fingernägel. »Schöne gepflegte Fingernägel«, habe ich gesagt. Ich glaube, sie war etwas verwirrt von dem Spruch und hatte mit so was überhaupt nicht gerechnet. Jedenfalls war sie sehr zurückhaltend.

Nachdem ich sie beim Boxen in Hannover wiedergesehen hatte, hatte ich endlich ihre Nummer, und fortan ließ ich sie nicht mehr in Ruhe. Schnell entwickelte sich eine Affäre zwischen uns. Vier Jahre lang ging das so, obwohl ich ja verheiratet war. Und leider, muss ich gestehen, war das nicht das erste Mal, dass ich meiner Frau untreu war. Aber endgültig getrennt haben wir uns erst 2007.

Diana und ich brauchten eine gefühlte Ewigkeit, bis wir endgültig zueinanderfanden. Neun Jahre lang war unsere Beziehung ein ständiges Hin und Her. Ich war unsicher und dachte, sie würde mich irgendwann wegen eines Jüngeren verlassen. 19 Jahre Altersunterschied sind schon echt viel.

Nach der Ausbildung zur Veranstaltungstechnikerin

studierte sie noch BWL. Sie wollte ja Großveranstaltungen organisieren und richtete gezielt ihre Laufbahn darauf aus. Und bereits während der Ausbildung fing sie an, bei mir in der Firma mitzuarbeiten. Ich habe sie mehr und mehr integriert, und heute ist sie ein nicht wegzudenkender Teil meiner Firma und meines Lebens. Diana und ich sind in jeder Hinsicht ein Team, privat und beruflich.

Heute leben und arbeiten wir miteinander und können es uns gar nicht mehr anders vorstellen. Wir wohnen in einem schönen Haus in einer schönen Gegend, das uns ein befreundeter Makler vermittelt hat. Natürlich sind wir auch oft gemeinsam im Büro, das liegt in Steglitz. Eigentlich auch ein sehr gediegenes Viertel, trotzdem haben wir vor kurzem Überwachungskameras angebracht. Dem Chef einer Sicherheitsfirma steht das doch gut an. Ich habe keine Angst, dass mich die Clans um die Ecke bringen. So weit sind sie noch nicht, das bestätigt mir die Polizei immer wieder. Aber es gibt ja auch Verrückte.

So einen hatten wir mal vor unserem Büro. Das war kurz nachdem der Poker-Prozess begonnen hatte, eine Zeit, in der ich eh schon sehr nervös war. Eines Tages kam ein Typ, der zuerst ewig lang an unserem Briefkasten herumwurstelte und dann klingelte. Ich machte die Tür auf, und vor mir stand ein total irrer Typ: runtergekommen, kaputte Zähne, wirrer Blick, wahrscheinlich ein ausgebrochener Irrer. Und der wollte sich bei mir als Security-Mann bewerben!

Als ich ihn wegschickte, schimpfte und drohte er, schließlich steuerte er direkt auf die Apotheke gegenüber zu. Ich folgte ihm in die Apotheke, wo er lauter Zeug bestellen wollte, mit dem man Sprengsätze bauen kann. Die ganze Aktion filmte ich mit meinem Black-Berry, das ich immer bei mir trage. Das Video zeigte ich anschließend der Polizei, und die waren alarmiert. Denn es ist nicht so, dass man Verrückte nicht ernst nehmen darf. Ganz im Gegenteil, die sind oft gefährlicher als manch »normaler« Verbrecher. Weil sie unberechenbar sind. Oft wissen die ja noch nicht mal selbst, was sie da tun.

Mein »Partner« Peter hat mit 18 bei mir angefangen zu trainieren, das war 1993. Er war ein richtiger Ochse, groß und kräftig. Aber eben mit Köpfchen! Er hat Abitur gemacht und dann ein paar Semester Jura studiert. Letztlich gefiel ihm aber der ganze Theoriekram nicht. Er kannte da schon die Realität. Denn seit 1996 gehört er zu meinem Team und hat so ziemlich alles erlebt, was man als Türsteher erleben kann.

Peter ist sehr kommunikativ. Ähnlich wie ich quatscht er die Leute im Zweifelsfall besinnungslos. Aber nicht mit irgendwelchem Müll, sondern mit guten Argumenten und intelligenter Ausdrucksweise. Ich merkte schon recht schnell, dass mehr als nur ein Türsteher in ihm steckt. Also übertrug ich ihm mehr Verantwortung in meiner Firma, indem ich die Personalplanung von ihm machen ließ. Heute kümmert er sich mit Diana komplett allein um K.I.S.S., ich schiebe nur ab und zu mal ein paar Aufträge rüber.

Mein bester Mann in der Veranstaltungssicherheit ist Micha Waltner. Er ist in allen Bereichen top: Er ist Rettungsassistent, Zugführer bei der Feuerwehr, hat den schwarzen Gürtel in Jiu-Jitsu, und er ist ein ungeheuer kluger Logistiker, Stratege und Einsatzleiter. Er ist sozusagen das Hirn im Bereich des Veranstaltungsschutzes in unserer Firma – und dazu kann er noch ordentlich anpacken. Das ist großartig.

Es ist nicht einfach, wirklich gute Leute für die Security zu finden. Viele behaupten von sich, der Beste zu sein. Testet man sie dann, trennt sich schnell die Spreu vom Weizen. Manche haben persönlich einfach nicht das Zeug zum Sicherheitsmann. Andere wären zwar gut, sind aber nicht sauber. Das heißt, sie sind vorbestraft oder lassen sich im Ernstfall auch mal vom organisierten Verbrechen schmieren.

In der Sicherheitsbranche gibt es viele verschiedene Aufgaben und Funktionen. Man braucht Türsteher, Personenschützer, Objektschützer, Detektive, Sanitäter, Veranstaltungsleiter, Brandwachen, Hostessen usw. Wenn man bei mir anfangen will, muss man mindestens 25 Jahre alt sein, denn man braucht eine gewisse Reife. Und natürlich auch die nötige Gelassenheit. Deshalb ist man meiner Meinung nach erst ab Mitte 20 für den Job geeignet, vorher, so mit 18 oder 20, verlieren sie schneller die Nerven. Da rutscht dann das Hirn in die Faust. Gerade junge Menschen kann man mit Worten so reizen, dass sie austicken. Und wenn jemand nicht mehr weiterweiß, kommt eben schnell die Faust geflogen, was wir unter allen Umständen vermeiden wollen.

Richtige Personenschützer dürfen nicht zu jung und nicht zu alt sein. Sie müssen psychisch und physisch fit sein und gleichzeitig schon eine gewisse Lebenserfahrung haben. Da ist es leichter, schwierige Situationen zu meistern, wenn man schon Gefahren erlebt hat.

Ich nehme nur Leute, die mindestens drei Jahre Berufserfahrung, eine langjährige Kampfsportausbildung und eine Mindestgröße von 1,75 Meter haben. Die meisten Kunden meinen nämlich, ein Security-Mann müsse groß sein. Das mag diskriminierend sein, ich weiß, wovon ich rede. Ich bin selbst ein kleiner Mann und trotzdem schlagkräftig. Deshalb mache ich bei dieser Regel am ehesten mal eine Ausnahme. Wenn einer eine besonders ungewöhnliche Qualifikation vorweisen kann, aber zum Beispiel nur 1,70 Meter groß ist, kann er dennoch ins Team kommen. Das Gesamtbild muss eben passen.

Personenschutz ist kein Ausbildungsberuf, aber es gibt entsprechende Lehrgänge, natürlich sind sie Grundbedingung. Trotzdem reichen sie alleine nicht aus. Na klar, wenn man die graue Theorie und die rechtlichen Grundlagen kennt, ist das schon viel wert. Mindestens so wichtig sind aber Praxiserfahrung, Menschenkenntnis, Ausdauer, Geduld und ein Gespür für die Gefahr. Das kann man alles trainieren, allerdings nicht in einer dreimonatigen Ausbildung.

Das richtige Personal zu haben ist grade in meiner Branche extrem wichtig. Schließlich kann es oft mal brenzlig werden. Wir haben es auch häufig mit sehr prominenten Kunden zu tun, da braucht es Seriosität, Loyalität und absolute Verlässlichkeit. Deshalb bin ich 365 Tage im Jahr rund um die Uhr für meine Kunden erreichbar. Und um sich einen guten Kundenstamm aufzubauen, braucht man ein gutes Netzwerk.

Mir ist es auch wichtig, auf dem Boden zu bleiben. Kein Mensch ist perfekt. Ich weiß genau, wo meine persönlichen Schwächen liegen. Das ist auch nicht schlimm, es gibt viele Bereiche, in denen andere erfahrener sind als ich. Ich weiß, dass ich immer 100 Prozent gebe und sehr viel Erfahrung habe, aber auch ich bin nicht allwissend im Personenschutz.

Ich kann mich beispielsweise auf keinen Fall mit den Personenschützern vom BKA oder LKA vergleichen. Die haben nicht nur eine ganz andere Ausbildung, sondern insgesamt ganz andere Möglichkeiten. Ich sehe uns private Sicherheitsmänner deshalb vergleichsweise nur als Amateure – eben aufgrund der eingeschränkten Befugnisse und Möglichkeiten, die uns zur Verfügung stehen. Das heißt nicht, dass private Personenschützer keinen guten Schutz liefern können. Ab einem bestimmten Punkt gerät dieser eben nur an seine Grenzen. Allein die Ausbildung beim staatlichen Personenschutz ist viel intensiver. Außerdem haben sie die ständig notwendige Praxis und werden regelmäßig in ihrer Fitness getestet. Man muss im Einsatz hellwach sein, um sein Können jederzeit einsetzen zu können.

Zum Glück habe ich einige Leute im Team, die aus verschiedenen Spezialeinsatzkommandos kommen. Die haben da einfach eine ganz andere Erfahrung, was wirklich gefährliche Situationen angeht. Zum SEK kommt man nur, wenn man vorher schon bei der Polizei gearbeitet hat. Dann wird man in einem Test auf Herz und Nieren geprüft. Ob man physisch und psychisch belastbar genug ist, um Zugriffe, Terrorismusbekämpfung oder Geiselbefreiungen zu meistern.

Einer meiner Mitarbeiter war als Bundeswehrsoldat mit einer Spezialtruppe im Golf von Aden. Dort war er monatelang mit scharf schießenden Piraten konfrontiert. Was wir nur aus Actionfilmen kennen, hat er live miterlebt. Er ist ein Top-Mann, nicht nur bei gefährlichen Einsätzen, sondern auch als Stratege. Als er zu uns kam, war er noch sehr jung. Er ist aufgrund einer Knieverletzung, die er sich im Einsatz zugezogen hatte, bei der Bundeswehr ausgeschieden. Trotz seines jungen Alters stellte ich ihn sofort ein. Er hat mit der Bundeswehr einfach schon so viel erlebt und gesehen, dass er ganz genau weiß, wie er sich in bestimmten Situationen verhalten muss. Und ich muss sagen, ich hatte bei ihm den richtigen Riecher, denn er hat eine sehr gute Menschenkenntnis, obwohl er noch so jung ist.

Manche der SEK-Leute kenne ich schon sehr lange. Einige habe ich früher für den Test vom SEK vorbereitet, denn der ist sehr hart. Einmal hatte ich als Trainer bei der Berliner Meisterschaft im Kickboxen in jeder der sieben Gewichtsklassen jeweils einen meiner Schüler zum Berliner Meister gemacht. Fünf von ihnen wurden später ins SEK-Team aufgenommen.

Der Test ist also sehr hart. Er beinhaltet neben psychologischen Eignungstests und Gesprächen natürlich auch Sporttests. Die unterscheiden sich in den verschiedenen Bundesländern. Hier in Berlin musste man zwei Kilometer in acht Minuten laufen, Klimmzüge machen, so viel man schafft, Bankdrücken mit 80-Kilo-Gewicht – auch wenn man selber weniger wiegt, an einem Seil hochklettern, über eine Stange robben, unter Stacheldraht einen Tunnel langkriechen, in ein Haus stürmen und über ein Dach rennen – und da oben dann noch eine 30 kg schwere Puppe aus dem Gebäude schleppen.

Ich weiß das so genau, weil mir das Freunde vom SEK zum 40. Geburtstag geschenkt haben. Als Dank dafür, dass ich sie jahrelang gequält habe. Mannomann, da war ich völlig k. o., ich war ja auch mit 40 für so was nicht mehr der Jüngste! Aber ich habe es bis zum Schluss durchgezogen und bin dabei über meine Grenzen hinausgegangen. Die haben sich totgelacht, mich auch mal »quälen« zu dürfen. Und wenn sie mich nicht unterstützt hätten, als ich zum Schluss die Puppe tragen musste, wäre ich wohl nie im Ziel angekommen. Das nenne ich Teamwork!

Was ich bei dem Test nicht machen durfte, war die Schießprüfung, ich bin ja als Zivilist angetreten. Trotzdem muss ich es können, denn ich bin dazu berechtigt, eine Waffe zu tragen. Also trainiere ich das Schießen regelmäßig. Auch hier gibt es bestimmte Regeln, an die man sich halten muss. Man kann als Waffenträger nicht einfach drauflosballern. In der Schießanlage in Wannsee üben wir regelmäßig verschiedene Dinge: Treffgenauigkeit, Schnelligkeit, Einsatzübungen im Team usw.

Was ich gar nicht brauchen kann, sind Leute, die sich in Stresssituationen nicht unter Kontrolle haben. Ich hatte mal einen Bewerber, der hatte eine super Referenz von einem großen Personenschutzunternehmen. Dass er da aufgehört hat, muss seinen Grund gehabt haben. Das wurde mir aber erst im Nachhinein klar.

Ich hatte ihn probeweise bei einem großen Personenschutzeinsatz dabei. Als wir mit der Schutzperson vom

Hof fuhren, fiel uns draußen auf der Straße gleich ein Wagen auf. Da saßen Personen der »gegnerischen Partei« drin. Für mich war sofort klar: Das dient nur der Provokation und Einschüchterung.

Und was macht der Bewerber? – Verliert die Nerven und tritt volles Rohr aufs Gas. Mit quietschenden Reifen raste er davon, um die anderen abzuhängen. Dabei war das reine Psychologie, die wollten zeigen: Wir sind auch da, wir beobachten euch.

Den ersten Test hatte der Bewerber also schon mal versemmelt. Jetzt musste er noch an die Tür. Generell müssen bei mir alle Personenschützer an der Tür gearbeitet haben. Denn nur hier werden sie regelmäßig mit Gefahrensituationen konfrontiert, und nur da sehe ich, wie sie sich verhalten, wenn es ernst wird. Ich möchte ihre Stärken und Schwächen kennen, bevor ich sie in den Einsatz direkt am Kunden schicke. Oberstes Gebot ist dabei immer: Deeskalation mit der nötigen Selbstbeherrschung. Das heißt Nerven behalten!

Im Personenschutz in Deutschland passiert es eher selten, dass mal wirklich eine Schutzperson angegriffen wird. Man hat seine Voraufklärer, die die Umgebung und die Location sondieren. Ist sie nicht safe, kann die Schutzperson dort nicht verweilen. Natürlich gibt es niemals hundertprozentigen Schutz, aber man sollte möglichst gut vorbereitet sein. Am schwierigsten ist der Schutz von Personen, die den Kontakt zum Publikum, also zur Öffentlichkeit suchen. Im Grunde ist das der Alptraum für jeden Personenschützer, wenn die Schutzperson zum Beispiel Autogramme gibt. Da kann es immer passieren, dass ein Verrückter dazwischen steht und der Schutzperson ans Leder will. Dass jemand so nah an die Schutzperson rankommt, sollte aber eher der Ausnahmefall sein.

Als Türsteher ist das was anderes. Da ist in der Regel alle zwei Wochen richtig Stress. Meistens bleibt es bei verbalen Beleidigungen: »Ich-fick-deine-Mutter«-Tralala. Wenn sich ein Mitarbeiter da schon beleidigt und angemacht fühlt, im Zuge dessen die Fassung verliert und draufhaut, fliegt er sofort raus. So jemanden kann ich nicht gebrauchen.

An dem Abend, als mein Bewerber an der Tür stand, kam irgendwann ein Betrunkener aus der Discothek. Er randalierte und pöbelte alle an, die in sein Sichtfeld kamen. Er war schon fast aus der Tür raus, als er sich noch mal umdrehte und übelst gegen uns loswetterte.

Und was macht unser Bewerber? – Rennt hin und haut den um!

Das war das Aus, der konnte sofort heimgehen. So was geht gar nicht. Überhaupt, wenn jemand besoffen ist, braucht man den nur ein bisschen antippen, und er fällt um. Aber mein »Sicherheitsmann« baute sich vor dem auf und fühlte sich dabei so richtig stark. Nein, feige ist das!

Besoffene habe ich noch nie weggeschlagen. Im Gegenteil, ich finde, dass wir als Türsteher da sogar eine besondere Fürsorgepflicht haben. Wenn Leute besoffen sind, muss man sie zu ihren Leuten bringen oder zum Taxi. Die wissen doch am nächsten Tag nicht mehr, was sie getan haben. Klar, wenn sie aggressiv sind und handgreiflich werden, muss man sicherstellen, dass sie keinen verletzen. Aber dann muss man eben die Polizei rufen, damit sie in der Zelle ausnüchtern können.

Schon mit 16 beherrschte ich den Sidekick perfekt.

Treffer!

Voll in Aktion beim Weltmeisterschaftskampf gegen den Amerikaner Santae Wilson 1993.

Auch wenn ich nicht Fußball spielen wollte: Am Ende wurde doch ein Champion aus mir!

Als Security war ich oft auch bei Boxkämpfen dabei – meistens aber außerhalb des Rings.

Oder am Rand einer Bühne – hier zusammen mit Diana bei einem Auftritt von Seal.

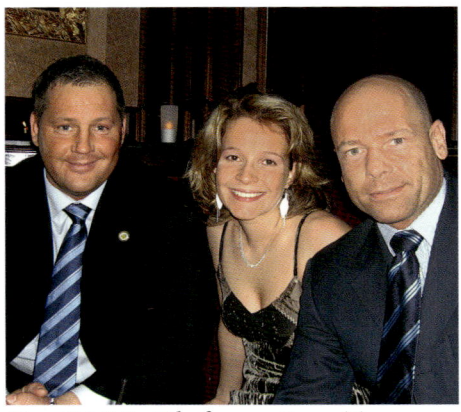

Das K.I.S.S.-Chefteam: Peter Tornow, Diana und ich.

RECHTE SEITE, OBEN: *Eins meiner Haupteinsatzgebiete – zwischen Spielbank und »Adagio«.*

RECHTE SEITE, UNTEN: *Eine meiner Türsteher-Truppen.*

Bei allen großen Veranstaltungen gehe ich die Planung noch mal kurz vorher durch.

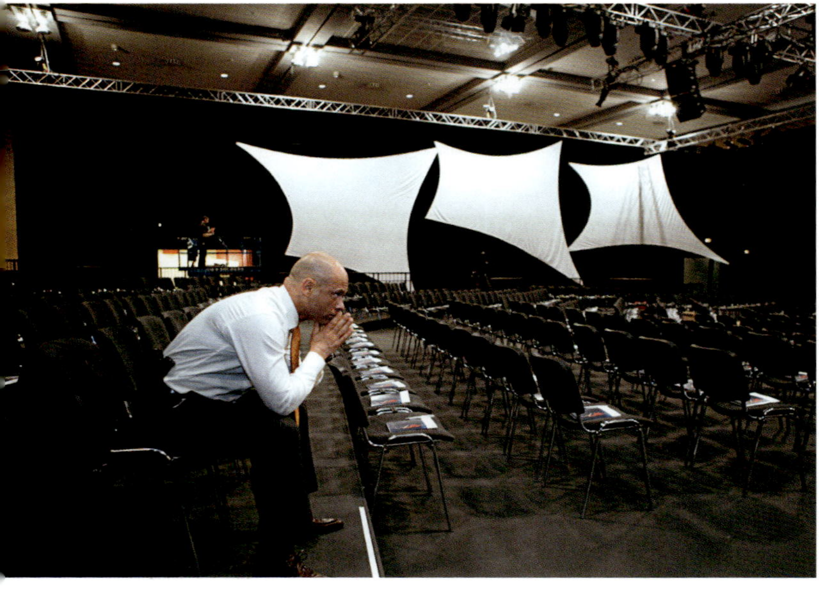

Was wäre ein Bodyguard ohne Promis:

mit Lady Gaga

Leonardo diCaprio

Sean Penn

Dita von Teese

Usain Bolt

*und mit dem
total verrückten
Christian
Audigier.*

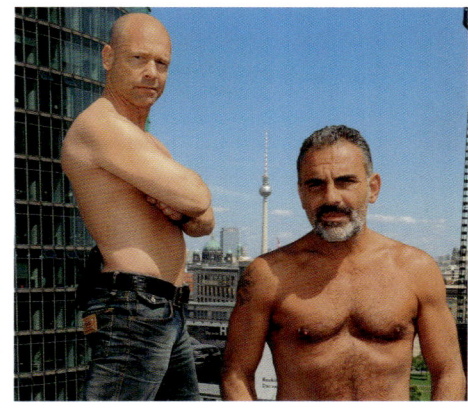

Dass ich meinen Bewerber heimgeschickt hatte, war nicht weiter ungewöhnlich. Bei mir stellen sich laufend Leute vor, die für uns arbeiten wollen. Aber es gibt nicht viele gute. Vor einigen Monaten kam ein vermeintlicher Top-Mann zu mir ins Büro, mit dem hatte ich ein super Vorstellungsgespräch. Er passte schon von der Optik. Er kam aus der Ukraine, war an die zwei Meter groß und sah auf den ersten Blick wie ein Security aus: bullig und kräftig. Im Gespräch machte er sich gut, man merkte, dass er auch was im Kopf hat. Zwei Jahre lang war er im Ausland gewesen, hatte die komplette Personenschutz-Ausbildung, Kommandoführer, Führerscheine, Erste Hilfe, sprach mehrere Sprachen, darunter Deutsch. Und sagte, es wäre für ihn eine Ehre, bei uns zu arbeiten.

Vorher hatte er bei einem der größten Sicherheitsunternehmen der Welt gearbeitet. Er war gerade in diversen U-Bahn-Stationen im Einsatz gewesen, denn es war Weihnachtszeit, und da gibt es besonders viele Selbstmorde. Also steht Sicherheitspersonal da, das die einfahrenden Züge und die Fahrgäste beobachtet, um darauf aufzupassen, dass sich keiner vor den Zug stürzt.

Er erzählte mir, dass er für diese Aufgabe 7,50 Euro die Stunde bekommen hatte, was für dieses Unternehmen noch verhältnismäßig viel ist. Da wird normalerweise nur der Mindestlohn von derzeit 6,53 Euro plus Zuschläge bezahlt. Meine Angestellten bekommen zwischen 8 und 10 Euro die Stunde. Es kommt auf die Qualifikation und den Einsatz an. Logischerweise verdient ein Mitarbeiter im Personenschutzeinsatz noch mehr, ungefähr das Dreifache. Türsteher bekommen eine Pauschale, da ist Abrechnung nach Stunden nicht üblich. Es gibt auch einen Tarifvertrag für das Sicherheitsgewerbe, da werden Türsteher überhaupt nicht beachtet. Das fällt wohl unter den Objektschutz. Wenn ich meinen Jungs an der Tür nur 6,53 Euro zahlen würde, müsste ich mich wieder selber hinstellen, weil ich keine Leute hätte. Also gibt's entsprechend mehr.

Der Bewerber war grundsätzlich in Ordnung, und gut geschulte Leute kann ich überall gebrauchen – dachte ich. Ich ging volles Risiko und stellte ihn noch am selben Tag ein. Nach ein paar Tagen Einarbeitung in meine Objekte erhielt ich die Feedbacks von Auftraggebern und Mitarbeitern: arrogant, besserwisserisch, Selbstdarsteller, Schwätzer, unpünktlich und so weiter. Ich wollte es erst nicht glauben. Schließlich lieferte er mir den Grund für die Entlassung. Eines Tages erschien er bei dem Objekt, für das er eingetragen war, gar nicht zur Arbeit. Angeblich hatte er den Dienstplan falsch gelesen.

Das ist nur eines von vielen Beispielen, mit welchen Pflegefällen man es in unserer Branche zu tun hat. Oft hat man große, kräftige, die nur eine große Klappe und nichts dahinter haben. Oder smarte Typen, die anatomische Blindgänger sind. Es ist selten so, dass man einen Mitarbeiter findet, der nach Security aussieht, selbstbewusst und kompetent ist und noch dazu rhetorisch was auf dem Kasten hat.

Das Beispiel mit dem Bewerber zeigt auch, wie extrem schwer es für mich geworden ist, gute Mitarbeiter und Subunternehmer zu finden, die meinen Vorstellungen entsprechen. Es gibt nicht sehr viele, die kompetent und unbestechlich sind. Wenn ich Sonderaufträge mit viel Manpower bekomme, brauche ich Subunternehmer, und da gibt es eben nur wenige, die eine so strenge Unternehmenspolitik haben wie ich.

Und wenn ich dann doch mal einen solchen Mann mit Herz und Grips gefunden habe, hält es ihn oft nicht lange in der Security-Branche. Obwohl ich gut bezahle, genügt es vielen nicht, was am Ende des Monats rauskommt. Also suchen sie sich ein lukrativeres Geschäft. Ein ehemaliger Mitarbeiter und mittlerweile sehr guter Freund von mir, Ali Ekici, ist auch vor ein paar Jahren aus der Security ausgestiegen. Er hat dann einen Auto-Tuning-Laden aufgemacht. Der lief so gut, dass RTL ihn für die Sendung »Die Autohändler« engagierte und sein Ausstieg aus der Security somit richtig zur Erfolgsstory wurde.

Die guten Jungs zu finden ist schon schwer, aber sie dann noch dauerhaft in der Firma zu halten, ist noch schwerer!

Natürlich beschäftige ich auch einige Frauen in meiner Firma, nicht nur meine Lebensgefährtin Diana. Die anderen Damen arbeiten meist eher im Eingangs- oder VIP-Bereich, wo sie drüber entscheiden, wer reinkommt und wer nicht.

Auch Diana stand früher oft als Selekteurin an der Tür. Sie war die erste Frau bei mir in der Firma, die Leute an der Tür ausgesucht und abgewiesen hat, damals noch im tiefsten Wedding. Nicht umsonst standen immer drei Männer hinter ihr. Alleine könnte eine Frau sich niemals gegen eine Horde abgewiesener Männer durchsetzen. Sie erhielt also »Personenschutz« von meinen eigenen Jungs.

Später dann arbeitete Diana auch als Personenschütze- rin in meiner Firma. Als Personenschützer musst du improvisieren können. Die meisten Frauen, die ich kenne, wollen alles perfekt machen und unter Kontrol- le haben. Vielleicht ist das ein Grund, weshalb es relativ wenige weibliche Bodyguards gibt. Nicht wegen der Gefahr oder der Kraft. Frauen sind oft sehr mutig, manchmal sogar mutiger als Männer.

Frauen setze ich als verdeckte Personenschützer mit Waffe oder als Voraufklärer ein. Und an der Clubtür sollten sie immer Männer im Rücken haben. Nach wie vor würde ich niemals eine Frau ganz alleine an eine Tür stellen.

Neben den Frauen sind auch die Sanis für das Security- Business wichtig. Für ganz viele Einsätze brauche ich gelernte Sanitäter, vor allem im Veranstaltungs- und Personenschutz. Wenn man lange als Rettungssanitäter gefahren ist, weiß man der Schutzperson und sich selbst im ärgsten Notfall schnell zu helfen. Zu jeder größeren Veranstaltung bringen wir Sanis mit. Es reicht schon, dass jemand beim Canapé-Buffet auf Glas beißt und blutet – da muss sofort jemand da sein. Klingt unwahr- scheinlich, ist uns aber schon mal bei einer Gala pas- siert. Vermutlich war jemandem ein Glas ins Buffet ge- fallen.

Noch schöner ist es, wenn Frauen mit ihren Highheels umknicken und nicht mehr laufen können. Und was noch viel besser kommt, ist, wenn der Veranstalter selbst zusammenklappt und einen Kreislaufkollaps hat. In der ganzen Hektik der Vorbereitung, beim Veran- staltungsaufbau etc. wird oft vergessen, ausreichend zu trinken, von essen ganz zu schweigen. Kaffee, Red Bull und Zigaretten sind für viele Veranstalter die Hauptnahrungsquellen in der heißen Phase. Da verwundert es nicht, wenn der Körper dann sagt: Jetzt ist Schluss! An dieser Stelle kommen wir ins Spiel, auch das gehört zu unserem Business.

Ich erinnere mich an ein Event, bei dem eine Dame dem Security direkt in die Arme fiel. Ein Glück, dass er sie auffangen konnte, denn sonst wäre sie mit voller Wucht auf den Boden geknallt. Unsere Sanis waren innerhalb von einer Minute da und konnten ihr helfen. Sanis sind aus meinem Security-Team wirklich nicht mehr wegzudenken.

IMMER EINEN SCHRITT
HINTER DEN STARS

Meine erste richtige VIP-Kundin war Steffi Graf. Das war 1996, und ich arbeitete im Auftrag von Ahmad Mohammed. Der hatte ja schon immer gute Connections zu den Superstars. Jedenfalls war ich echt beeindruckt von dieser Frau. Diese Beine, Wahnsinn! Absolut durchtrainiert und so was von sexy!

Wenn man normalen Begleitschutz – also keinen echten Personenschutz mit Gefährdungsstufe – macht, hat man unterschiedliche Aufgaben zu erfüllen. Man fährt den Kunden von A nach B, öffnet Türen, weist den Weg, bringt sie irgendwohin. In der Regel ist die zu begleitende Person dann nicht wirklich gefährdet, sondern man muss sie höchstens mal an ein paar Fans oder Journalisten vorbeischleusen.

Shakira zum Beispiel musste ich einmal über einen Geheimgang von ihrer Künstlergarderobe zur Bühne bringen, um dem ganzen Trubel aus dem Weg zu gehen. Sie wollte erst nach ihrem Auftritt bei der Echo-Verleihung 2006 im Estrel-Hotel das Bad in der Menge genießen. Als wir im Fahrstuhl standen, fragte sie ihren Manager, wer ich sei. Er meinte, der Sicherheitschef vom Estrel-Hotel. Dann wandte sie sich mir zu, reichte mir die Hand und sagte: »Hi, I'm Shakira. Nice to meet you.« Als ich darauf mit einem verschmitzten Lächeln erwiderte »Oh really! I didn't know that!«, mussten alle im Fahrstuhl laut lachen.

Noch so eine wirklich bildhübsche Frau, welche ich beschützen durfte, war Halle Berry. Das war beim Bambi 2002, auch im Estrel-Hotel. Sie fuhr in einer schwarzen Limousine vor. Als ich ihr die Tür öffnete, kam ich mir selber wie James Bond vor. In meinem Kopf lief die Szene aus dem Film ab: Sie steigt langsam, nur mit einem Bikini bekleidet, mit einem Messer an der Hüfte aus dem Wasser, während Bond ihr dabei zusieht, an der Bar sitzend, einen Cocktail schlürfend. Naja, Bikini war es bei mir leider nicht. Und Bar und Cocktail fehlten auch. Aber sie hatte ein wunderschönes Abendkleid an. Jedem stockte der Atem, als sie über den roten Teppich lief.

Und wenn ich schon die vielen hübschen Frauen aufzähle, die ich beschützte, dann darf auf jeden Fall eine nicht fehlen: Nicole Scherzinger. In Zeitschriften und im Fernsehen sehen die Frauen ja immer irgendwie gut aus. Aber Nicole Scherzinger sieht auch in natura so sensationell hübsch aus, dass mir wirklich die Worte fehlen, sie zu beschreiben. Aber eins hatte mich dann doch überrascht: Sie ist kleiner als ich. Sie wirkt in den Videos immer so groß.

Lady Gaga war wohl eine der »schrägsten« Frauen, die wir betreut haben. Ihre mehrmals am Tag wechselnden Outfits! Und alles perfekt durchgestylt! Der Hut! Die Schuhe! Totaler Irrsinn! Auf der IFA 2009 hat sie zusammen mit Dr. Dre ihre Kopfhörer vorgestellt. Beim Pressetermin mit 150 Leuten stellte Collien Fernandes die Frage, die seit Wochen alle beschäftigte: Ist sie eine Frau oder ein Mann? Lady Gaga war wenig begeistert, konterte aber souverän: »Meine wundervolle Vagina ist beleidigt von dieser Frage.« Fernandes wurde dann von Sicherheitsmitarbeitern nach draußen begleitet.

Einer, der wohl mit all diesen Damen schon so richtig Party gemacht hat, ist Christian Audigier. Der Ed-Hardy-Gründer ist für seine Partys bekannt. Als er 2010 in Deutschland war, fand ein Presseshooting auf dem Dach des Mandala-Hotels am Potsdamer Platz statt. Er stand auf dem Sims, direkt an der Kante, die Arme ausgebreitet wie ein Klippenspringer, der Oberkörper nackt. Freiheit über den Dächern Berlins – und ein Alptraum für mich und meine Jungs. Ich sah schon die Schlagzeile in der *Bild:* »Ed-Hardy-Gründer stürzt sich vom Dach«. Weil ich ihn da wieder runterhaben wollte, ging ich zu ihm rüber. So konnte ich wenigstens in seiner Nähe sein. Wir unterhielten uns ein bisschen, und ich erzählte ihm von meinen Erfolgen als Kickboxer. Das fand er total gut. Er meinte, er kenne Jean Claude Van Damme sehr gut. Der sei wohl bei weitem nicht so ein guter Kämpfer, aber dafür ein sehr erfolgreicher Action-Darsteller. Dann kam ihm eine Idee: Anzug aus! Hemd aus! Foto!

Im nächsten Moment standen wir beide mit bloßem Oberkörper da, über den Dächern Berlins. Krasse Nummer, oder?

Am selben Tag ging es dann noch nach München. Am nächsten Tag nach Hamburg, obwohl wir eigentlich nur für Berlin und München engagiert waren. Aber er wollte nun nur noch unser Team dabeihaben. Nach vier Tagen in Deutschland flog er nach Marseille und wollte wieder uns dabeihaben. Also hieß es ganz schnell Flüge buchen, Auto mieten. Von Marseille ging es mit dem Auto weiter nach Avignon. Da führte er Verhandlungen über den Kauf eines französischen Fußballclubs. Am nächsten Tag wieder los, nach Marseille zurück.

Und immer war neben uns auch noch seine »alte« Garde mit dabei. Große Limousinen mit großen Bodyguards. Die ließ er aber links liegen. Er zog es vor, den gesamten Weg nach Marseille und dann noch weiter nach St. Tropez bei uns im Wagen mitzufahren, in einem lächerlichen Opel Astra. Wenn ich das gewusst hätte, dass er immer bei uns einsteigt, hätte ich natürlich ein etwas schickeres Auto gemietet. Wir konnten es kaum glauben: Ganz genügsam saß er bei uns auf der Rückbank, manchmal schlief er sogar ein bisschen. Und dann, in St. Tropez, das absolute Kontrastprogramm. Hier ging es gleich auf seine Yacht, Wahnsinn. Allein beim Anblick des Frühstücksbuffets stockte uns der Atem. Luxus pur!

Und als die Yacht dann mit versammelter Mannschaft ablegte, fiel uns wirklich nichts mehr ein. Denn die französische Polizei bot sich an, auf die unbemannt am Hafen zurückbleibenden Autos aufzupassen! In Deutschland wäre so etwas undenkbar, schließlich ist die Polizei ja nicht allein für die reichen Leute da.

Niemals vergessen werde ich, als mir Muhammad Ali am Ohrläppchen rumgespielt hat. Das war bei der Bambi-Verleihung 2003, wo die Boxlegende den Bambi für sein Lebenswerk bekam. Kurz bevor wir auf die Bühne mussten, zuppelte einer plötzlich von hinten an meinem Ohr. Ich hab zuerst so getan, als hätte ich es nicht gemerkt. Beim zweiten Mal drehte ich mich um, und wir haben beide gelacht. Muhammad Ali – der größte Boxer aller Zeiten macht Faxen. Mit mir!

Apropos Boxer: Die Klitschkos hab ich auch mal betreut. In der *Bild* hieß es nur: »Wer beschützt hier eigentlich wen?« Ich und Vitali fanden diese Überschrift sehr amüsant, schließlich ist er ungefähr doppelt so groß wie ich. Aber wichtig ist eben nur, dass man es schafft, seinem Kunden den Rücken freizuhalten. Und dafür war ich da.

Ich kenne die Klitschko-Brüder schon seit meiner Kickboxzeit. Vitali war einmal Vorkämpfer bei meiner ersten Profi-WM-Titelverteidigung in Mannheim. Was die wenigsten wissen: Vitali war auch Kickboxweltmeister und wechselte dann zum Profiboxen. Hätte ich damals auch nicht gedacht, dass er später mal meinen Schutz brauchen würde.

Bei Veranstaltungen wie Bambi, Echo, Cinema For Peace, Lambertz Monday Night Party oder anderen Medienereignissen erscheinen immer wieder viele große Stars. Gerade hier ist es dann wichtig, dass man ein gutes, aufmerksames Team hat.

Die Stars schützen ist das eine. Aber wenn schon bei der Einlasskontrolle der Veranstaltung nicht ordentlich gearbeitet wird oder es irgendwo eine Sicherheitslücke gibt, dann passieren schon mal merkwürdige Dinge. Auf der Bambi-Gala 2002 liefen auf einmal zwei Personen durch den noch leeren Backstagebereich, die wie Sanitäter gekleidet waren. Das Dumme war nur: Unsere eigenen Sanitäter tragen stets einen Anzug und sind von den restlichen Securitys kaum zu unterscheiden. Also sprach ich die zwei an und bat sie, mit ins Sicherheitsbüro zu kommen. Erwischt! Sie gaben zu, sich reingeschmuggelt zu haben. Auf solche Ideen muss man erst mal kommen. Da kann man im Security-Briefing an alles denken und die Mitarbeiter mit Informationen zuschütten. Die Rechnung der zwei ging zum Glück nicht auf. Bevor sie sich den Prominenten nähern konnten, war der Spaß auch schon vorbei.

Die meisten Stars haben einen eigenen Bodyguard, der sie überallhin auf der Welt begleitet. Wir werden dazugebucht, etwa um die Hoteletage zu sichern, in der sie wohnen. Oder um sie durch die Stadt zu begleiten, weil sie sich in den fremden Citys ja nicht auskennen. Meist kommt der Bodyguard einen Tag früher nach Berlin und inspiziert alle Locations, wo er mit seiner Schutzperson hinmuss. Ab diesem Moment stehen wir ihm zur Verfügung, besprechen Abläufe und sind bei der Kommunikation behilflich. Meine Personen- und Begleitschützer sprechen alle mindestens eine Fremdsprache. Wenn sich der Bodyguard in seiner Muttersprache mit unserem Mann unterhalten kann, ist das sehr von Vorteil. Missverständnisse können so vermieden werden. An dem Tag, an dem wir dann die Schutzperson begleiten, sind wir meist als Voraufklärer bereits vor Ort, bevor der Star eintrifft. Das ist zum Beispiel dann wichtig, wenn viele Fans oder Paparazzi auf ihn warten. Im Zweifelsfall können wir dann den Hinweis geben, einen anderen Weg oder Eingang zu nutzen. Wenn das nicht möglich ist, sind wir dafür da, die Presse, die Paparazzi und die Fans mit ihren Autogrammwünschen in Schach zu halten. Für uns wäre es einfacher, wenn die Stars keine Autogramme gäben, weil man die Fans dann gar nicht erst so nah ranlassen muss. Aber Sänger oder Schauspieler, die ihren Fans keine Autogramme geben wollen, sind ja auch nicht das Wahre.

Noch anstrengender als die Fans sind die Paparazzi. Bei Lady Gaga standen schon am Flughafen zwölf Leute mit Kameras und verfolgten uns bis in die Tiefgarage des Hyatt-Hotels. Die restlichen Tage haben wir die Popikone dann immer über den Wirtschaftshof ins Hotel geschleust. Nicht ganz angenehm, aber effektiv.

Je spektakulärer der Star, desto schwieriger der Auftrag. Bei Amy Winehouse standen die Paparazzi schon am McDonald's, bevor wir da eintrafen. Das wäre im Grunde nicht weiter erstaunlich gewesen, wenn ich vorher jemandem mitgeteilt hätte, zu welchem McDonald's wir fahren wollten. Das hab ich aber nicht. Es ist wirklich unglaublich, wie gut die Paparazzi untereinander vernetzt sind. Offensichtlich wird erst mal nur spekuliert, wo es hingehen könnte. Und wenn sich die Spekulationen verdichten, rasen alle sofort dahin. Da werden rote Ampeln oder Geschwindigkeitsbegrenzungen überhaupt nicht mehr beachtet. Von Grenzüberschreitungen der Privatsphäre mal ganz abgesehen.

Es gab einen unfassbaren Fall mit dem Schauspieler Hugh Grant. Der hatte eine Premiere seines Films in Holland, und als er so auf dem roten Teppich steht und Journalistenfragen beantwortet, kettet sich plötzlich eine holländische Journalistin mit einer Handschelle an ihn. Sie hat ihn einfach gefangen genommen.

Grant war total geschockt, und die Security natürlich auch. Zum Glück waren das nicht unsere Leute, das wäre schon sehr peinlich gewesen!

Die Feuerwehr musste ihn mit einem Seitenschneider losschneiden, was eine Ewigkeit gedauert haben muss. Und man sah an den Fernsehbildern, wie geschockt er war, denn das hätte ja auch eine Verrückte sein können.

Generell sind solche irrsinnigen Aktionen der blanke Horror für das Sicherheitspersonal. So etwas darf nicht passieren, da muss man vorher genauer aufpassen. Wenn Stars sich so nah an Fans oder Journalisten heranwagen, muss man aus unmittelbarer Nähe genau die Hände der Leute beobachten. Jemand, der zum Beispiel die ganze Zeit seine Hände in der Jackentasche versteckt, ist sehr verdächtig. Da muss man vorher schon an den herantreten.

Viele regen sich oft darüber auf, dass die Gesichter der Personen- und Begleitschützer mehr in der Kamera zu sehen sind als die Schutzperson selber. Das ist gewiss keine Absicht und hat einen ganz banalen Grund: Um die Person wirklich vor Attacken von Journalisten oder Fans beschützen zu können, muss man als Bodyguard eben sehr nah an seiner Schutzperson stehen, um sofort reagieren zu können. Bestes Beispiel: Hugh Grant.

Eine ähnliche Befürchtung hatten wir, als Diana Victoria Beckham bei der Eröffnung ihres Ladens in Düsseldorf betreute. Insgesamt waren drei Begleitschützer von Victoria Beckham gebucht worden, davon eine Frau. Dazu hatte sie noch einen persönlichen Bodyguard, der sie überallhin begleitete. Diana und zwei weitere Bodyguards waren als Verstärkung vom Moment der Landung mit ihrem Privatjet bis zum Abflug an ihr dran.

In dem Shop in Düsseldorf waren zum Teil geladene Gäste, zum Teil aber auch Fans, die das Glück hatten, vor der Tür auserwählt worden zu sein, um ihre Kollektion als Erste betrachten zu dürfen. Nach wenigen Minuten fiel Diana auf, wie da immer so ein Jugendlicher rumlief, mit den Händen in der Jackentasche. Wer weiß, was der da drin hat? Also ging Diana zu dem hin und sagte: »Hände aus den Taschen.«

Er fragte: »Wieso?«

»Ich will sehen, was du in den Händen hast«, entgegnete sie energischer.

»Okay.« Er hob die Hände, als hätte Diana ihm eine Waffe vor die Nase gehalten.

Er hatte nichts in der Hand. Er war wohl nur sehr schüchtern und hatte seine Hände vor Aufregung eben in der Tasche versteckt. Trotzdem sagte sie: »Die bleiben jetzt draußen. Ich will deine Hände sehen, solange du hier bist.«

Und dann kam der Bodyguard von Victoria Beckham und fragte, was da los war. Diana schilderte den Vorfall kurz. Seine Antwort: »Gute Schule.«

Übrigens ist Victoria Beckham entgegen allen Gerüchten sehr nett und überhaupt nicht zickig. Im Auto meinte sie noch zu uns, wir sollten es ihr nicht übelnehmen, wenn sie zickig rüberkomme: alles nur Show für die Presse.

Bei der Cinema for Peace Gala 2010 hatten wir es auch mit einer unangenehmen Situation zu tun. Oliver Pocher wollte als Frau verkleidet auf den roten Teppich, um dort die vielen Promis für seine Show zu in-

terviewen. Also stöckelte er da mit einem Kamerateam
im Pressebereich rum. Er hatte keine Akkreditierung,
um auf den roten Teppich zu dürfen, doch er versuchte
sich mittels der anderen Promis immer weiter in diese
Richtung zu schieben.

Irgendwie musste ich zusehen, wie ich den da wieder
wegbekam. Pikanterweise wurden wir nicht nur von
Pochers Team permanent gefilmt, auch ich selber hatte
an diesem Abend ein TV-Team an meiner Seite, das
einen Bericht über meine Tätigkeit machen wollte.
Ihn also einfach links und rechts am Arm ergreifen
und vom roten Teppich runtertragen, wäre nicht so ga-
lant gewesen. Also blieb uns nichts weiter übrig, als
immer wieder stoisch zu wiederholen, dass er als Gast
auf dieser Veranstaltung nicht erwünscht sei und dass
er den für ihn gesperrten Bereich verlassen solle. Als er
meiner mehrfachen Aufforderung nicht nachkam, hol-
ten wir die Polizei dazu, die ihm dann einen Platzver-
weis für den Rest des Abends gab und ihn abführte.
Tja, auch TV-Komiker haben sich an die Regeln zu
halten.

Bei der Gala an diesem Abend war Leonardo diCaprio
der Star des Abends. Logisch, dass da vor der Tür Hunderte von Mädels standen, die ihrem Star am liebsten
um den Hals gefallen wären. Und die Presse stand eh
immer Spalier, wo er auftauchte. Also wollte er nach
der Verleihung schnellstmöglich raus, ohne von der
Meute entdeckt zu werden. Da wirklich alle Eingänge
von Fotografen besetzt waren, blieb uns nichts anderes
übrig, als ihn da durchzuschleusen. Es kann ja wohl
nicht so schwer sein, die drei Meter von der Ausgangs-
tür bis zur Limousine zu überbrücken. Aber wieder

einmal wurde uns bewusst, wie brutal die Presse auf der Jagd nach dem besten Foto ist. Echt nicht normal!

Eine ganz große Nummer war auch Usain Bolt. Bei der Leichtathletik-WM in Berlin 2009 haben wir die Hotels der Sportler gesichert. Hier durfte man nur mit einer ganz bestimmten Akkreditierung rein. Die Sportler sollten sich in Ruhe auf ihren Wettkampf vorbereiten können, ohne dass ständig Fans oder Journalisten nervten. Da hatten wir pro Tag ca. 150 Sicherheitsmitarbeiter im Einsatz.

Darüber hinaus waren wir auch noch für einzelne Sportler als Personenschützer gebucht. Diana betreute den Mega-Athleten Usain Bolt, der im Hotel Berlin untergebracht war. Er lief bei der WM zwei Mal Weltrekord und hängte dabei auf deprimierende Weise den US-Amerikaner Tyson Gay ab.

Insgesamt war Usain ein sehr zurückhaltender Typ. Anfangs war es schwer gewesen, an ihn heranzukommen, weil er nicht angesprochen werden wollte. Aber Diana kam zu Ohren, dass er während der Leichtathletik-WM Geburtstag hatte. Also wollten wir ihm eine Überraschung bieten. Diana sprach mit seinem Manager, zu dem sie mittlerweile einen guten Draht hatte, was er denn cool finden würde. Wir hatten die Idee, für ihn eine Spritztour mit einem Ferrari zu arrangieren. Was nicht ganz ohne Risiko war, denn erst ein paar Wochen zuvor hatte Usain Bolt sich in einem nigelnagelneuen 6er-BMW wegen zu schnellen Fahrens überschlagen. Aber egal. Wir besorgten ihm einen Hammerferrari.

Diana fragte ihn beim Frühstück, ob er eventuell am Mittag ein paar Minuten Zeit hätte für eine Geburts-

tagsüberraschung. Als er dann das Auto sah, wurde er
ganz locker. Zuerst fuhr ich mit ihm im Ferrari durch
die Stadt auf die Avus raus und erklärte ihm dabei den
Wagen. Dann wurde an der Autobahnraststätte ge-
tauscht. Und von dem Moment an bangte ich für
20 Minuten um mein Leben.

Diana war mit seinem Manager im 7er-BMW mitgefah-
ren, damit er eine vertraute Person dabeihatte, falls wir
irgendwo angehalten worden wären. Sie meinte hinterher, dass sie mit dem BMW keine Chance hatte, an
Usain und mir dranzubleiben. Wir hatten sie in Null-
kommanix abgehängt. Links, rechts, Gas geben, brem-
sen, Stoßstange an Stoßstange mit dem Auto vor uns.
Usain fuhr wie ein Rennfahrer. So was wie ein Über-
holverbot auf der linken Spur kannte er nicht. Und
auch die Geschwindigkeitsbegrenzungen interessierten
ihn nicht. Immerhin: Er fand seine Geburtstagsüberra-
schung supercool!

Nach seinen Sprints am Ende des Wettkampfs wollte er
mit seinen Leuten aus Jamaika Party machen. Sein Manager fragte Diana, wo man in Berlin gut feiern könne.
Wir machten die VIP-Area im »Adagio« für ihn frei,
das ist ja einer unserer Clubs. Wir wussten, dass wir ihn
dort gut beschützen konnten. Und dann ging er ab wie
eine Rakete: Er trank, er tanzte, und dann stand er irgendwann am DJ-Pult und legte auf. Das war der
Hammer!

Es ist unglaublich bereichernd, für so bedeutende Per-
sönlichkeiten arbeiten zu dürfen. Die Kehrseite ist,
dass das natürlich auch tierisch anstrengend werden
kann. Diana arbeitete bei der Leichtathletik-WM von 8
bis 22 Uhr im Hotel, von 22 bis halb 6 in der Früh war

sie mit Usain Bolt »feiern«, und um 8 musste sie wieder im Hotel sein. Und das über drei Tage. Aber: Es hat ihr wahnsinnig Spaß gemacht.

Was manchmal nicht so Spaß macht, ist, dass nicht jeder Promi seine Bodyguards überhaupt beachtet. Für einige sind sie nur notwendiges »Übel«. Security ist oft eben das Letzte, woran gedacht wird. Lady Gaga zum Beispiel interessiert das nicht. Nur, wenn die Paparazzi zu aufdringlich werden und aus dem Weg sollen, dann sind die Bodyguards ihre besten Freunde. Ihre Mega-Sonnenbrille von Dior, die sie bei uns im Auto vergessen hatte, haben wir trotzdem aufgehoben. Beim nächsten Einsatz kann sie die zurückbekommen.

Sean Penn dagegen, den ich 2011 bei der Cinema for Peace Gala betreute, bedankte sich zum Beispiel höchstpersönlich bei uns und schüttelte uns die Hand. Er ist ein sehr sozialer und gerechter Mensch, der nicht auf seinem Geld sitzt. Seinen Erfolg will er an die Menschen zurückgeben. Das tut er, indem er Millionen von seinen Gagen spendet, an die Ärmsten der Ärmsten.

Usain Bolt hatte sich auch etwas Besonderes als Dank an uns einfallen lassen. Er hob die zwei Shirts auf, die er bei seinem 100 m- und 200 m-Finale bei der Leichtathletik-WM getragen hatte. Bei Diana schrieb er »Thank you for having my back!« drauf, bei mir »From one Champ, to another Champ!«. Zusammen mit einigen Fotos und Zeitungsartikeln habe ich mir meins eingerahmt.

Mehrfach schon haben wir Promi-Hochzeiten wie die von Udo Walz beschützt. Diana ist dabei meistens für die Kinderbetreuung zuständig. Viele haben ja bereits

Nachwuchs, wenn sie heiraten, umso praktischer, wenn man jemanden dabeihat, der die Kinder betreut, und man sich in Ruhe um die Gäste kümmern kann. So war das zum Beispiel bei den Hochzeiten von Barbara Becker und Verona Feldbusch.

Die Hochzeit von Verona Feldbusch und Franjo Pooth war was ganz Besonderes. Die Trauung fand im Stephansdom in Wien statt. Einquartiert war die gesamte Hochzeitsgesellschaft im Hotel Imperial. Als Verona mit dem Ankleiden fertig war, stand sie im Flur, mit ihrer irre langen Schleppe. Als sie damit die Hoteltreppe hinunterstolzierte – Diana samt Sohn hinterher –, applaudierte die ganze Belegschaft. Es sah aus, als wäre die Kaiserin wiederauferstanden.

Vor dem Haus wartete bereits die Kutsche auf die Braut. Verona Feldbuschs Sohn sollte mit Diana mit dem Auto zur Kirche fahren. Doch als der Kleine die Kutsche sah, gab es kein Halten mehr, er wollte unbedingt mit. Also liefen wir – insgesamt fünf Bodyguards – den ganzen Weg neben der Kutsche her. Vorbei an all den Leuten, die Spalier standen und klatschten. Es war ein warmer Sommertag, bestimmt 25 Grad, und wir sind in Anzügen und Funkgeräten gejoggt. Wie der Secret Service der USA!

Die Kleidung eines Personenschützers ist übrigens extrem wichtig. Ich trage nur Designeranzüge, die zum Kunden passen. Ich kann keinen 08/15-Anzug tragen, das sieht ein Reicher sofort. Insgesamt habe ich über 30 Anzüge und natürlich das passende Schuhwerk dazu. Die Schuhauswahl ist mitunter das Schwierigste. Hat man Anzugschuhe den ganzen Tag und die Nacht hindurch an, wird das mit der Zeit unangenehm. Für Frauen ist es noch schwieriger, die tragen oft Kostüme und Pumps mit Absätzen. Aber nicht wenn sie Begleitschutz machen. Da müssen sie sich frei bewegen können, was im Rock ja nicht wirklich geht. Am besten wären Turnschuhe, da bekommt man nach sechs Stunden keine Schmerzen. Aber das wiederum sieht nicht seriös aus. Also braucht man für einen 20-Stunden-Einsatz mehrere Schuhe. Ich habe immer welche zum Wechseln bereit.

Und dann stehst du oft stundenlang still. Man kann sich im Einsatz ja nicht hinsetzen. Sicherheitsleute stehen oft so breitbeinig da, Hände vor dem Schritt verschränkt. Meistens schauen wir dazu auch noch sehr ernst drein. Manchmal wirkt das bestimmt aufgesetzt. Es entsteht aber automatisch. Wenn man acht, zehn Stunden unbeweglich sein muss, dann nimmt man die bequemste Position ein. Und man blickt deshalb ernst, weil man konzentriert ist. Es ist eben lockerer mit einem Champagnerglas und einem schicken Partner am Arm. Aber das ist nicht unsere Rolle.

Manche Sicherheitsmänner stehen auch so steif und ernst rum, weil sie mental schon abgeschaltet haben. Es gibt viele Doormen, die an den Türen teurer Läden stehen, zum Beispiel vor Juwelieren. Ich hatte auch mal einen platziert, vor dem Laden von Meissener Porzellan. Der Auftrag läuft mittlerweile nicht mehr, worüber ich eigentlich ganz froh bin. Denn das ist ein Job, den ich selbst nicht packen würde. Das mute ich dann auch meinen Leuten nicht gern zu. Du stehst da acht, zehn Stunden und nix passiert. Nix, null! Wenn man das tage-, wochenlang macht, wird man irgendwann wahnsinnig. Da fängt man an, mit den Tassen zu quasseln.

Auch das Ausarbeiten von Sicherheitskonzepten ist nicht schnell mal erledigt. Gerade bei Veranstaltungen werden vorher wochenlang Meetings abgehalten, wo alle Fragen geklärt werden: Wie viel Sicherheitspersonal ist nötig, und wo wird es positioniert? Wo darf die Presse lang? Welche Absperrungen werden gebraucht? Wann wird eine Veranstaltung gestoppt? Worst-Case-Szenarien werden durchgespielt. Und ganz wichtig: Wie funktioniert das Einlasssystem? Welche Ausweise gibt es? Wie sehen die Tickets aus? Wer hat Ausnahmegenehmigungen?

Bei der Bambi-Verleihung 2002 erwischte es uns eiskalt: Alle Sicherheitsmitarbeiter waren auf Posten. 120 Leute. Sechs Einsatzleiter. Alles war vorbereitet. Jede Sekunde konnte der Einlass losgehen. Plötzlich die Meldung über Funk: »Alle Einsatzleiter nehmen sich sofort Zettel und Stift! Mitschreiben!«

Hektik breitete sich aus. Jeder kramte im Anzug nach Schreibzeug. Dann ertönte wieder die Stimme über Funk: »Das Einlasskonzept wurde soeben noch einmal geändert und erweitert. Die Ausweise mit den Farben …«

Es folgte eine Aufzählung, die schier unendlich erschien. All diese Infos mussten innerhalb kürzester Zeit an allen relevanten Stellen umgesetzt werden. Mann, die Einsatzleiter hatten den Kopf voll! Hat aber funktioniert.

Was ich damit sagen will: Flexibilität, sekundenschnelle Aufnahme- und Umsetzungsfähigkeit, Improvisationstalent und Stressresistenz sind nur einige Eigenschaften, die ein guter Sicherheitsmitarbeiter im Veranstaltungsschutz vorweisen muss.

WAS EIN PERSONENSCHÜTZER
NOCH SO ALLES MACHT

Solange man bekannte Menschen bei ihren Terminen oder Reisen begleitet, ist eigentlich alles easy.
Klar, man muss permanent anwesend sein, das kann
schon auch stressig sein.

Aber es gibt auch Kunden, deren Leben ernsthaft bedroht wird. Erst dann hat man es als Bodyguard mit
einer wirklichen Gefahr zu tun. Es gibt zum Beispiel
viele Stalking-Opfer, die permanent verfolgt werden,
von »Fans« oder Ex-Liebhabern. Viele der Stalker sind
gewalttätig und natürlich eine Gefahr für das Leben
der Verfolgten. Außerdem zerstört die ständige Verfol-
gung die Psyche der Opfer.

Meist sind es Frauen, die gestalkt werden. Unsere Kundinnen werden dann von uns in dreierlei Hinsicht betreut. Erstens: Sie werden von uns bis zur vollständigen
Aufklärung zu sämtlichen Terminen begleitet. Außerdem wird die Wohnung oder das Haus der Kundin
rund um die Uhr von uns bewacht. Zweitens: Die
Kundinnen nehmen mehrere Wochen an einem Auf-
bauprogramm teil, bei dem sie bestimmte Verhaltens-
regeln und Selbstverteidigungsmaßnahmen erlernen.
Drittens: Der Stalker wird von uns einfach auch ge-

stalkt. Das klingt paradox, ist aber bisher immer effektiv gewesen. Es gab einige Fälle, in denen wir den jeweiligen Stalker so lange verfolgten, bis er aufhörte, unsere Kundin zu belästigen.

Wie man sich vorstellen kann, sind diese Maßnahmen sehr kostenintensiv und daher nicht für jedes Stalking-Opfer zugänglich. Auch die Rechtslage in Deutschland ist bei diesem Thema sehr schwierig. Einstweilige Verfügungen richten kaum etwas aus. Da darf sich der Stalker dem Opfer gemäß Gerichtsbeschluss nicht mehr nähern. Aber das bringt meistens nichts, weil der Stalker unter Umständen psychisch überhaupt nicht in der Lage ist, den Gerichtsbeschluss zu verstehen beziehungsweise umzusetzen. Und die Polizei kann im Grunde erst dann tätig werden, wenn es bereits nachweisbare Übergriffe auf das Opfer gab.

Neben Stalking-Opfern sind oft auch Geschäftsleute einer lebensgefährlichen Situation ausgesetzt. Personen- und Objektschutz ist manchmal dann gefragt, wenn sich Geschäftspartner unfreiwillig trennen. Dann kommt es zu Bedrohungen durch denjenigen, der sich um seinen Geschäftsanteil betrogen fühlt. Manchmal müssen wir dann Häuser, Wohnungen, Büros etc. bewachen, damit die Objekte nicht von dem scheidenden Geschäftspartner ausgeräumt werden. Denn dessen Ziel ist es dann natürlich, den verbleibenden Geschäftspartnern möglichst viel Schaden zuzufügen. Wichtige Unterlagen, Geschäftsräume, Angestellte und andere Geschäftspartner müssen in so einem Fall dementsprechend geschützt werden.

Es gibt auch Geschäftsleute, die von Schwerstkriminellen erpresst und verfolgt werden. Und da muss man im

Notfall vor die Kugel oder das Messer springen. Für die braucht man Profis, die mit Gefahren umgehen können.

Auch ich hatte einmal so einen Fall, Ende der Neunziger. Das war ein Geschäftsmann, eine Art Lars Windhorst, der sehr jung schon sehr viel Geld gemacht hatte. Er wollte unseren Schutz, weil er angeblich von Russen bedroht wurde, die wollten ihm wirklich ans Leben. Wie wir dann rausfanden, waren es keine Russen, sondern Tschetschenen, die ihn bedrohten.

Im Foyer des Westin Grand, das ist ein Nobelhotel an der Friedrichstraße, sollte es zu einem Treffen zwischen dem Geschäftsmann und den Tschetschenen kommen. Ich hatte ein großes Team zusammengestellt und die Location vorab bereits komplett ausgekundschaftet. Außerdem hatte ich wie immer die Polizei über die dubiosen Vorgänge und das Treffen informiert. Sie hatten mir ihre Anwesenheit zugesagt, allerdings wusste ich nicht, wie sie auftreten würden. Mein Team war also undercover in der Hotel-Lobby verteilt, alle über Funk miteinander verbunden.

Als ich das Hotel betrat, saß ein fetter Tschetschene auf einem Sofa, Zigarre im Mund. Es war einer der seltenen Momente, wo mir der Arsch auf Grundeis ging. Da lag Pulver in der Luft. Die Tschetschenen erpressten unseren Kunden und forderten Firmenanteile von ihm. Und die Firma war nicht gerade klein, sondern es ging um ein Riesenimperium.

Während die also miteinander redeten, ging ich kurz vor das Hotel, um zu schauen, ob in der Zwischenzeit weitere Tschetschenen aufgetaucht waren. Ich beobachtete die Umgebung ein bisschen, bis mir auffiel:

Meine Sorge war absolut unbegründet. Denn bei genauerem Hinsehen erkannte ich die Truppe vom SEK. Sie waren als Müllmänner verkleidet und fegten die Straße. Da musste ich schon ein wenig schmunzeln. Aber es war ein gutes Gefühl zu wissen, dass genügend Rückendeckung vor Ort war. Also ging ich etwas entspannter wieder in die Lobby. Das Gespräch wurde wenige Minuten später zwar ohne Ausschreitungen, aber mit erheblichen Drohgebärden beendet. Unseren Kunden schüchterte das so sehr ein, dass er uns nun nicht mehr nur bei bestimmten Geschäftsterminen buchte, sondern rund um die Uhr.

Während der gesamten Dauer des Auftrags, über mehrere Wochen hinweg, stand ich in ständigem Kontakt zur Polizei. Schon allein deswegen, weil meine Mitarbeiter und ich von den Tschetschenen ebenfalls bedroht wurden. Die waren wirklich sehr gefährlich. Monate später wurden die Tschetschenen dann bei einem SEK-Einsatz verhaftet, und die Situation beruhigte sich, so dass unsere Sicherheitsdienstleistung nicht weiter notwendig war.

Natürlich ist eine großangelegte Schutzaktion immer auch eine Zeitfrage. Manchmal muss man einfach extrem kurzfristig einsetzbar sein. Da kommt es schon mal vor, dass man spontan übers Wochenende die Büroräume eines Geschäftsmanns überwachen soll, weil er Angst hat, dass seine ehemaligen Geschäftspartner einbrechen und Unterlagen klauen. Da werde ich nicht lang nachfragen, was die Hintergründe sind und wer im Unrecht ist. Wenn ich aber jemanden über einen längeren Zeitraum beschütze, möchte ich es schon mit ehrlichen Leuten zu tun haben.

Und auch die Chemie muss stimmen. Wenn mir jemand extrem unsympathisch ist, nehme ich den Auftrag nicht an. Das war so bei der saudi-arabischen Botschaft, da hatte ich eine Einladung zu einem Vorstellungsgespräch erhalten. Natürlich haben die Botschaften ihre eigenen Wachmänner, aber für Sonderaufträge oder Personenschutz außerhalb des Botschaftsgebäudes brauchen sie gelegentlich private Hilfe.

Ich nahm einen meiner Mitarbeiter zu dem Termin mit. Slim stammt aus Tunesien und konnte übersetzen. Bei diesem ersten Gespräch mit dem Adjutanten war noch alles gut. Dann hatte ich noch ein Gespräch, in dem es hieß: Alles top, wir wollen Sie buchen, aber mal sehen, wie flexibel Sie sind. Wir haben einen Gast, der liegt im Krankenhaus, wird operiert, und der braucht sofort 24 Stunden bewaffneten Personenschutz.

Ich sagte: »Kein Problem, machen wir. Aber wir brauchen noch ein paar Informationen: Wer ist der Mann? Warum braucht er bewaffneten Personenschutz? Woher kommt die Gefährdung?« Und, und, und …

So was muss ich wissen, wenn ich einen Menschen wirklich schützen soll. Wenn ich nicht weiß, woher die Gefährdung kommen kann, kann ich sie auch nicht abwehren. Schließlich bin ich auch für meine Mitarbeiter verantwortlich, dass ihnen nichts passiert. Also muss ich die Gefahr kennen.

Doch das interessierte meinen zukünftigen Auftraggeber wohl nicht, denn er fiel mir sofort ins Wort: Ich solle nicht so viele Fragen stellen. Er fragte Slim auf Arabisch, warum ich so viele neugierige Fragen hätte. Slim antwortete nur: »Das ist eben Herr Kuhr, mein Chef, der ist so, das ist sein Job.«

Daraufhin erwiderte der Adjutant: »Wir bezahlen mehr als gut, aber nicht dafür, dass Sie Fragen stellen.«

Da stand ich auf und sagte: »Suchen Sie sich einen anderen, schönen Tag noch.«

Ich wollte den Raum verlassen, aber er hielt Slim fest und donnerte los: Was ich mir einbilde, und warum ich so viel rede, und so weiter. Am nächsten Tag rief er noch mal an. Aber ich wollte nicht mehr. Ich habe eben meine Prinzipien.

Ein anderer Grund, warum ich Aufträge ablehne, ist natürlich, wenn ein Kunde von mir überhaupt nicht mit der Polizei zusammenarbeiten möchte. Auf diese Weise sind mir schon öfter Aufträge flötengegangen, aber das ist mir egal.

Ein Kunde, der mich immer wieder bucht, ist der Bauunternehmer Peter Kories. Wir sind bereits weit über 30 Jahre eng befreundet. Kennengelernt haben wir uns, wie sollte es anders sein, übers Kickboxen. Er war mein Schüler und ich musste ihn im Sparring immer ermahnen, nicht voll zuzuschlagen. Er hat sich vom kleinen Betonbauer zum Baugiganten hochgearbeitet und ist jetzt Inhaber und Geschäftsführer der Berliner Baufirma BSS. Ein paar seiner bekanntesten Objekte sind »Das Schloss«, das Ritz-Carlton-Hotel, das Mariott-Hotel, das Denkmal für die ermordeten Juden Europas, das Sony-Center und die Gropius-Passagen.

Gerade in der Baubranche gibt es viele sicherheitsrelevante Probleme. Damit meine ich jetzt nicht nur die übliche Baustellenbewachung. Vielmehr gibt es häufig Querelen zwischen den vielen Subunternehmern, die bei einzelnen Bauvorhaben beschäftigt werden. Das läuft so: Der Generalbauunternehmer beauftragt einen Subunternehmer mit der Durchführung einer Aufgabe. Der erste Sub gibt den Auftrag wieder an einen weiteren Sub ab usw. Bei der Abnahme des Baus gibt es dann meist eine Mängelliste. So lange diese Mängel nicht ausgeglichen sind, wird nur ein Teil des Geldes für die erbrachte Leistung an den Generalbauunternehmer bezahlt. Auch wenn der Generalbauunternehmer die Rechnung »seines« Subunternehmers schon beglichen hat, hat er keinen Einfluss darauf, ob derjenige den Subsub schon bezahlt hat. Der Subsub glaubt aber, dass der Hauptauftraggeber das gesamte Geld einbehält und bedroht diesen dann.

Es kam also schon vor, dass Peter richtig in Gefahr war. Das klingt erst mal komisch, aber wenn man sich die Summen vorstellt, um die es da geht … Ich bin in so einem Fall für meine Kunden auf Standby und jederzeit erreichbar. Manchmal übernehme ich sogar die Telefonate mit den Subsubunternehmern, von denen die Drohungen kommen. Einen hatte ich, der war enorm aggressiv. Der drohte mit Mord und Totschlag. Ich vereinbarte erst mal ein Treffen mit ihm.

Zum vereinbarten Treffpunkt brachte er einen Schwarm an Leuten mit, die sehr gefährlich aussahen. Ich war allerdings nicht unvorbereitet und hatte auch mein Team dabei, das unter Umständen nicht nur nett ist. Anders als am Telefon, war der Subsub selbst plötzlich ganz friedlich. Das Gespräch ging lange. Erst mal gab es ein bisschen Geplänkel hin und her. Als ich mir sicher war, dass meinem Kunden nichts geschehen würde, holte ich ihn dazu und wir trafen uns alle am großen runden Tisch. Jeder erzählte seine Geschichte, und es kamen alle Papiere, Rechnungen und Belege auf den Tisch. Am Schluss gingen doch tatsächlich alle mit einem Lächeln nach Hause, und die Sache war erst mal ruhig.

Mindestens so wichtig wie der Personenschutz sind für mein Geschäft die Objektbewachung und der Veranstaltungsschutz. Klar, die VIPs sind natürlich das Aushängeschild, aber die Personenbewachung macht höchstens zehn Prozent des Geschäfts aus, rein zahlenmäßig.

Klar, Objektschutz hört sich erst mal langweilig an. Aber dieser Bereich hat auch oft seinen ganz eigenen Reiz. Wir bewachen manchmal Kunstgegenstände im Wert von vielen Millionen Euro. Zum Beispiel hatte ein Kunde aus Potsdam sich mal drei unglaublich wertvolle Gemälde gekauft. Die mussten mittels einer Spedition aus der Schweiz nach Berlin überführt werden. Dann standen sie eine Zeitlang in einem Raum, bevor sie in die Villa unseres Kunden gebracht wurden, wo schon viele andere teure Bilder hingen. Während dieser Übergangszeit hat einer meiner Männer die Bilder bewacht.

Und manchmal kann Objektschutz auch richtig gefährlich sein. Wenn man das Objekt aktiv verteidigen muss. Oder wenn einem das Objekt zur Falle wird.

Einmal bin ich fast stecken geblieben in einem Schlammloch. Es war auf der Baustelle des BBI, das ist der Flughafen, den sie in Schönefeld bauen. Ein Riesengelände. Wir hatten da einen Mann, der war plötzlich nicht mehr zu erreichen. Auf keinem seiner beiden Handys. Mitten in der Nacht, und es stürmte und gewitterte. Die Leitungen waren tot.

Also fuhr ich da zusammen mit einem anderen Mitarbeiter raus, um den zu suchen. Wir liefen über die
gesamte Baustelle, bis auf einen Hügel rauf. Plötzlich
brach unter mir die Erde ein, und ich versank im
Schlamm. Bis zur Hüfte steckte ich im Schlamm fest.
Wenn mich mein Mitarbeiter nicht rausgezogen hätte,
würde ich noch heute drinstecken.

Wie sich später herausstellte, hatte der Bewacher sich
aus dem Staub gemacht, weil er Stress mit seiner Frau
hatte. Dem habe ich sofort gekündigt, das geht gar nicht.
Natürlich gibt es angenehmere Jobs im Security-Business, das ist klar. Ein glamouröses Event beschützen ist
schon spannender als eine matschige Baustelle. Aber
auch stressiger. Die Arbeitszeiten sind länger, und jede
Veranstaltung ist anders und erfordert ihre spezifischen
Sicherheitsmaßnahmen und Konzepte.

Manchmal kann man die verschiedenen Bereiche der
Security auch nicht so klar trennen. Veranstaltungsschutz und Personen- beziehungsweise Begleitschutz
fallen oft nicht weit auseinander. Oft machen wir das
Sicherheitskonzept für eine ganze Veranstaltung und
kümmern uns mit extra Leuten um die Stars, die dort
auftreten.

Einige habe ich schon genannt, die Liste ist in den letzten Jahren ganz schön lang geworden: Brad Pitt, Angelina Jolie, Britney Spears, Kylie Minogue, Amy
Winehouse, Dita van Teese, Leonardo DiCaprio, James
Blunt, Vitali und Wladimir Klitschko, Victoria Beckham, Phil Collins, Pink, Steven Segal, Sean Penn, Madonna, Michael Jackson und viele mehr habe ich schon
persönlich betreut.

Als Michael Jackson sein Kind aus dem Fenster des Adlon gehängt hatte, waren wir allerdings nicht dabei. Erst danach bei der Bambi-Verleihung im Estrel. Früher wurde ja immer darüber spekuliert, dass sich seine Nase »auflösen« würde. Also, ich konnte da nichts entdecken.

Für das Hotel Estrel sind wir regelmäßig tätig. Zum Beispiel machen wir dort immer die Security der World Money Fair, das ist die weltgrößte Münzmesse. Von der Sicherheitskonzeption über die Personalplanung bis hin zur Durchführung und Auswertung sind wir für die Sicherheit dieser Veranstaltung verantwortlich. Die Problematik: Da liegen Münzen im Wert von vielen Millionen Euro zur Ansicht aus, nur einige besonders wertvolle Münzen werden in einem extra Raum aufbewahrt.

Einmal haben wir dort einen Raub vereitelt. Die Polizei hatte uns bereits vor einer internationalen Bande gewarnt. Also haben wir mit zusätzlichen Beobachtungsposten noch genauer aufgepasst. Man erkennt die Leute, die nicht an den Münzen interessiert sind, sondern an den Türen und am Wachpersonal, eigentlich recht schnell. Meistens verraten sie sich durch Blicke, durch ihre Gestik, durch ihr gesamtes Verhalten. Und als ein auffälliger Mann seinen Bogen immer enger um den Tresorraum drehte, hielten wir ihn fest und übergaben ihn der Polizei. Bingo, das war ein Volltreffer: der Kopf einer rumänischen Räuberbande.

TRAUMBERUF BODYGUARD

Ich werde oft gefragt, welche Voraussetzungen man erfüllen muss, um ein guter Personenschützer zu werden. Meist erhalte ich E-Mails von Jugendlichen, die unbedingt diesen »Traumberuf« erlernen wollen. Diesen Zahn ziehe ich den jungen Menschen immer ganz schnell. Personenschützer wird man nicht, indem man irgendwo eine dreimonatige Ausbildung absolviert. Das ist lediglich ein kleiner Baustein. Diese kurzen Ausbildungen sind aus meiner Sicht nur Geldschneiderei. Oft erfüllen die Absolventen dieser Kurse nicht mal im Ansatz die Kriterien für eine erfolgreiche Tätigkeit als Personenschützer.

Die Sparte Personen- und Begleitschutz macht nur ca. zehn Prozent meines gesamten Auftragsvolumens im Jahr aus. Man denkt nun, dass das wenig ist. Aber im Vergleich zu anderen Firmen ist das schon viel. Es gibt in Deutschland viele, zum Teil selbsternannte Personenschützer. Aber es gibt bei weitem nicht so viele Schutzpersonen. Insofern ist es sehr schwer, überhaupt an vernünftige und ernsthafte Aufträge in diesem Bereich ranzukommen. Viele Sicherheitsleute behaupten, sie machen Personenschutz. Man muss aber wissen, dass richtiger Personenschutz nur bei Personen mit Gefährdungsstufe III bis I notwendig ist. Bei Stufe III ist eine Gefährdung nicht auszuschließen, Stufe II bedeutet, die Person ist gefährdet, ein Anschlag ist nicht auszuschließen. Die höchste Stufe, I, besagt, dass die Person erheblich gefährdet ist und man mit einem Anschlag zu rechnen hat.

Bei diesen drei Gefährdungsstufen muss man dann auch eine Waffe tragen dürfen. Viele von den sogenannten Personenschützern besitzen aber noch nicht mal einen Waffenschein. Wenn überhaupt, dann kann man hier nur von einem Begleitschutz reden.

Jungen Bewerbern und Interessenten empfehle ich immer, zunächst mal die Ausbildung zur Fachkraft oder Servicekraft für Schutz und Sicherheit zu machen, dann ein paar Jahre lang Berufserfahrung zu sammeln und sich dann bei qualifizierten Ausbildungsträgern im Bereich Personenschutz weiterzubilden. Ich vergleiche das immer mit der Laufbahn bei der Polizei. Dort muss man auch zunächst die ganz normale Ausbildung für die Schutz- und Kriminalpolizei durchlaufen, dann Erfahrung im Einsatz sammeln, und erst dann kann man sich für Spezialeinheiten wie eben den Personenschutz bewerben. Ältere Bewerber, die als Nebeneinsteiger ohne jegliche Security-Erfahrung in diesen Beruf wechseln möchten, haben, wenn sie die unten stehenden Qualifikationen nicht erfüllen, bei mir so gut wie keine Chance.

Am besten ist es, wenn die Anwärter für den Personenschutz über folgende Qualifikationen verfügen:

- einwandfreies polizeiliches Führungszeugnis
- Sachkundeprüfung des Bewachungsgewerbes nach § 34 a
- Kampfsportausbildung
- Führerschein, Klasse 3
- Waffenbesitzkarte mit Zuverlässigkeit auf Waffenschein
- Mindestalter von 25 Jahren
- mindestens 3 Jahre Berufserfahrung im Security-Business
- Körpergröße mindestens 175 cm
- gute Englischkenntnisse
- Erste-Hilfe-Ausbildung

Die ersten sieben Punkte sind für einen Personenschützer ein absolutes Muss. Die anderen Punkte können unter Umständen durch andere außergewöhnliche Qualifikationen ersetzt werden. Das sind in meiner Firma die Mindestvoraussetzungen für eine Anstellung.
Sofern die Anwärter diese Mindestkriterien erfüllen, können sie bei mir als ganz normale Sicherheitsmitarbeiter anfangen. Ich teste sie in allen Bereichen: Objektschutz, Veranstaltungsschutz und als Doorman. Im Objektschutz sehe ich, ob sie die notwendige Geduld für den Job mitbringen. Wenn sie ihre Arbeit in den Objekten gut erfüllen, obwohl sie langweilig und extrem stupide ist, spricht das schon mal positiv für den Anwärter.
Im Veranstaltungsschutz zeigt sich dann, ob sie sich als Dienstleister verstehen und die Fähigkeit besitzen, auch in unübersichtlichen Situationen und großer

Hektik den Überblick zu behalten. Hier muss man improvisieren können, und viele sind dann schon schnell überfordert. Denn das Gelernte ist eben nur Theorie, in der Praxis kommt oft viel Unvorhergesehenes auf einen zu.

An der Tür meiner Clubs wird offensichtlich, ob die Bewerber trotz Provokationen und Beleidigungen ruhig und besonnen bleiben, deeskalierend einwirken und sich im Extremfall dennoch verteidigen können. Wenn man eine Schutzperson begleitet, sollte es kaum vorkommen, dass man in gefährliche Situationen kommt. Dafür hat man normalerweise ein gutes Team, das die Voraufklärung und die Präventionsarbeit durch Informationsbeschaffung so exzellent machen sollte, dass ich mit meiner Schutzperson gar nicht erst in gefährliche Situationen gerate. Daher fehlt vielen Personenschützern, die sich weigern, auch mal an der Tür zu arbeiten, die Erfahrung, sich in Stress- und Extremsituationen zurechtzufinden.

Damit ein Personenschützer seine eigenen Grenzen und den Umgang mit Gefahren kennenlernt, sollte er wenigstens ein paar Monate als Türsteher gearbeitet haben. Nur hier wird man in solchem Ausmaß mit Stress, Wut, Gewalt, Aggressivität und Adrenalin konfrontiert, dass der Personenschützer sich selbst kennenlernen kann. Das ist wie beim Kampfsport: Im Training sind manche Weltmeister, aber wenn sie dann in den Wettkampf gehen, versagen sie. Damit so was nicht mit einer Schutzperson passiert, müssen sie gefährliche Situationen unter realen Bedingungen »trainieren«. Sie sehen dann, ob sie dem Stress standhalten können. Das macht Professionalität aus.

All diese Tests sind natürlich nicht in drei Wochen erledigt, sondern es dauert manchmal Monate, bis ich denke, dass jemand für den Personenschutz reif und geeignet ist.

Wichtig ist auch, dass die Anwärter nicht einfach nur die Qualifikationen vorweisen, sondern sich auch weiterhin fortbilden und sich vor allem stets körperlich fit halten. Das wöchentliche Kampfsport- und Fitnesstraining darf daher nicht fehlen. Ich selber gehe heute noch dreimal pro Woche joggen und trainiere mindestens einmal die Woche Kickboxen.

Insgesamt muss sich der Anwärter natürlich auch gut ins Team einfügen und auch unterordnen können. Einzelgänger und Besserwisser sind nicht erwünscht. Zudem müssen sie flexibel, motiviert und kommunikativ sein.

Nun sind das – leider – keine allgemeingültigen Anforderungen, die innerhalb der Security-Branche von Personenschützern verlangt werden. Es sind meine eigenen Kriterien, die das Bild meiner Firma, unsere Unternehmensphilosophie, unser Erscheinungsbild und das Auftreten in der Öffentlichkeit vorgeben sollen.

MUT UND RESPEKT

Ich glaube, instinktiv war ich schon immer ein Bodyguard, auch ohne Auftrag. Als ich den Mädchen in der U-Bahn geholfen hatte, oder als ich bei einem Hotelbrand in der Türkei zwei Kinder ins Freie brachte und unzählige Türen eintrat, damit die Menschen aus der Feuerfalle flüchten konnten. Oder als einmal in Charlottenburg, gleich in der Nähe meiner damaligen Wohnung, ein Aldi-Markt überfallen wurde. Ich lief gerade vorbei, alle stürmten raus, und es hieß, da sei einer drin, mit einem Messer bewaffnet. Die Leute wollten auf die Polizei warten, ich dagegen wollte den Täter alleine überwältigen. Wie ein Cowboy, Gut gegen Böse.

Als ich reinkam, sah ich den Typen, die Klinge in der Hand. Ein Junkie, völlig benebelt. Er räumte wahllos die Regale leer. Ich glaube nicht, dass er wusste, was er tat. Ich nahm mehrere Flaschen an mich und brüllte: »Wenn du dein Messer nicht fallen lässt, schmeiße ich alle Flaschen auf dich – eine wird treffen!« Da ließ er das Messer fallen und auch die Tüten. Dann kam die Polizei und nahm ihn mit.

Ein anderes Mal war ich unterwegs zum Garten meiner Mutter am Stadtrand. Da sah ich, wie ein junger Mann gerade zwei Rentner verprügelt. Aus nichtigem Grund, aus Spaß, einfach so. Der lachte noch dabei. Ich musste eingreifen, ansonsten hätte er die Rentner lebensgefährlich verletzt. Nachdem ich ihn von den alten Herren runtergezogen hatte, ging er auf mich los. Ich wehrte mich mit einem Halbkreiskick in die Rippen und schickte noch eine Rechte hinterher. Er lag erst mal flach, war aber bei Bewusstsein.

Es dauerte lange, bis die Polizei eintraf, mir dauerte es zu lange. Stadtrand eben. Der Typ hatte einen wirklich irren Blick und wollte abhauen, was ich zu verhindern versuchte. Aber er fing immer wieder an zu pöbeln und zu provozieren. Es fiel mir schwer, die Beherrschung zu behalten, denn verdient hatte er eine größere Abreibung in jedem Fall. Die zwei Rentner waren blutverschmiert und standen unter Schock. Aber ich riss mich zusammen, ich wollte nicht riskieren, vorbestraft zu werden.

Monate später gab es eine Gerichtsverhandlung, zu der ich natürlich auch als Zeuge geladen war. Die beiden Rentner bedankten sich vor Gericht sehr herzlich bei mir. Der Täter kam mit sechs Monaten auf Bewährung davon. Traurig!

Generell kann ich jedem nur raten, in solchen Fällen um Hilfe zu schreien – und ansonsten alles zu machen, was die Täter verlangen. Wenn sie Geld wollen, gib ihnen Geld. Es lohnt sich nicht, für ein paar Euro zu sterben.

Dann gab es diese Situation vorm »First«. Den Club betreue ich schon seit Jahren, ein sehr schicker kleiner Nobelclub. Es gab damals einen stadtbekannten Türken, der in jeder Discothek Hausverbot hatte. In nüchternem Zustand war er total friedlich: Küsschen hier,

Küsschen da, eigentlich ein netter Kumpel. Dann kam er zu uns, an die Tür vom »First«. Mein Partner Peter erklärte ihm, dass er nicht reinkäme, weil er sich nicht benehmen könne, wenn er getrunken hat.

Ich war zwar auch da, aber privat. Und ich hatte selber was getrunken. Plötzlich rief mein Partner nach mir. Der Türke regte sich auf: »Ihr könnt mich doch hier nicht so bloßstellen!«

Es geht denen immer um die Ehre, um die Schmach, abgewiesen zu werden. Deswegen rufen sie mich oft lieber vorher an, um zu fragen, ob wir sie reinlassen. Damit sie vor ihren Leuten oder Rivalen nicht das Gesicht verlieren.

Als ich zu Peter kam, wurde der Typ immer lauter, er riss an meinem Hemd und rief: »Ich bin der Pate von Istanbul!« In dem Moment bekam ich von seinem Bruder einen Schlag an den Kopf, von der Seite. Daraus entwickelte sich eine üble Schlägerei, aus der ich als klarer Sieger hervorging. Beide Brüder sind von der Feuerwehr ins Krankenhaus gefahren worden. Ich hatte lange Zeit Ärger deswegen. Weil die beiden Brüder behaupteten, es wären mehrere Angreifer gewesen und wir hätten sie zuerst angegriffen. Da muss man erst mal das Gegenteil beweisen.

Schließlich habe ich mich mit dem ganzen Türken-Clan getroffen, um die Sache von Mann zu Mann zu klären. Sie gaben zu, was wirklich passiert war: Sie waren betrunken und angriffslustig gewesen. Nüchtern waren sie wenigstens ehrlich. Die Sache war geklärt. Shakehands.

Solche Ereignisse machen dann die Runde in der Stadt. Es hieß nun also: Kuhr hat zwei stadtbekannte Schläger kleingemacht. So was erzeugt Respekt!

Noch mehr Respekt habe ich vermutlich dadurch bekommen, dass ich zwei anderen stadtbekannten Verbrechern die Stirn geboten habe: Sharif K. und Abdul A. Sharif K. fühlte sich als Boss der Berliner Unterwelt, und das nicht ganz zu Unrecht. Zum ersten Mal habe ich ihn getroffen, als ich 1996 in der Deutschlandhalle die Ringabsicherung bei einem Kampf organisiert habe.

Es war mein allererster Einsatz dort, und ich war noch unerfahren in diesem Bereich. Schon bei den Einlasskontrollen und in den ersten Reihen fiel mir die schillernde Figur auf. Das war er, wie ich erst später erfuhr: Sharif K. Ich kannte ihn zu der Zeit noch gar nicht, obwohl es sogar schon große Berichte über ihn gab. Er war von einem Tross von Leuten umgeben, die Presse war da und filmte ihn. Ich dachte, vielleicht ein Schauspieler?

Nach der Urteilsverkündung des Boxkampfs sollte ich entscheiden, wer in den Ring darf, um Ralf Rocchigiani zu beglückwünschen. Da stand K. plötzlich oben. Ich wollte ihn nicht passieren lassen, doch der verantwortliche Einsatzleiter sagte: »Lass mal.« Also kletterte er durch die Ringseile und küsste Ralf Rocchigiani. Danach bekam ich vom Boxveranstalter einen Anschiss, dass ich ihn reingelassen habe. Denn das gab kein gutes Bild ab: Der König der Unterwelt küsst Rocchigiani.

Ein paar Wochen später habe ich ihn dann im Fernsehen in einer Reportage gesehen: Der war das? Was für ein Kaliber! Das ist der Mann, der Berlin beherrscht! Er beleidigte vor der Kamera die Polizei: »Fickt euch«, »Fasst mich nicht an« und »Wisst ihr eigentlich, wer ich bin?« Aufgrund dieser Reportage konzentrierte sich das

LKA dann auf ihn, weil auch die Polizisten sich fragten: Wer ist das, dass er denkt, er wäre unantastbar?

Eines Abends kam er mit seinen Leuten in unseren Disco-Club »Annabelle's«. Meine Jungs arbeiteten dort an der Tür. K.s Truppe ging später, ohne zu zahlen. Das kommt nicht selten vor, und manche lassen das mit sich machen. Aus Angst. Die Geschäftsführerin des »Annabelle's« aber rief mich an und sagte: »Das kann nicht sein, dass der nicht bezahlt.«

Daraufhin rief ich meine Jungs an und stauchte sie zusammen. Sie konterten: »Dafür ist doch der Kellner zuständig, nicht wir! Wenn die Truppe den Laden verlässt, lassen wir uns doch nicht den Kassenbon zeigen.« Damit hatten sie leider recht.

Ich rief also wieder die Geschäftsführerin an und sagte, dass der Kellner das verbockt hat. Ich bat ihr aber meine Hilfe bei der Beschaffung der Außenstände an. Das hat sogar funktioniert, denn ein paar Tage später war eine Party in einer beliebten Table-Dance-Bar. Ich war eingeladen, Sharif K. ebenfalls. Der Inhaber stellte uns einander vor. Ich ließ mir die Gelegenheit nicht entgehen und bat ihn direkt um ein Vier-Augen-Gespräch.

Dann sind wir raus, sein Bodyguard hinterher. Ich erklärte K. die Situation, dass er in meinem Club noch eine Rechnung offen hat und dass ich das Geld haben möchte. Er betonte, dass dies nicht sein könne, denn er bezahle seine Rechnungen immer sofort. Ich blieb hart: »Ist aber so. Der Kellner wird keinen Mist erzählen.«

Daraufhin telefonierte er, mit einem Araber, einem Gangster. Er blieb dabei, seine Leute hätten bezahlt.

Und dass der Kellner keinen Scheiß reden solle. Dann habe ich mit dem Mann am Telefon gesprochen. Das ging hin und her: »Ich hab bezahlt!« – »Habt ihr nicht!« Dann gab ich K. das Telefon zurück, und ich sagte: »Du glaubst doch nicht wirklich, dass der Kellner so blöd ist, sich mit euch anzulegen? Dass er behauptet, Sharif K., einer der mächtigsten Männer der Berliner Unterwelt hätte die Rechnung nicht bezahlt! Wenn der lügt, dann kannst du ihn gern zur Rede stellen. Dafür hab ich Verständnis. Aber Fakt ist, ihr habt nicht bezahlt. Ihr schuldet denen 500 Euro.«
Auf einmal war es ihm wohl zu blöd. Plötzlich drehte er sich um und rief seinem Bodyguard zu: »Gib ihm 500!«

Man glaubt gar nicht, mit welchen Typen man zusammenkommt, wenn man im Security-Bereich arbeitet. Ich hatte einen sehr reichen Kunden, den ich heute noch betreue. Ein ehrbarer Geschäftsmann. Aber er hat gezockt. Bis ihn die folgende Geschichte geheilt hat. Er hatte mal wieder getrunken, mehr als sonst. Eines Nachts landete er in einem Café, wo man zum Zocken hingeht und wo auch einige Verbrecher verkehren. Leider hatte er mich nicht dabei. Die in dem Café haben meinen Kunden erst abgefüllt und dann ausgenommen. Der wusste nicht mehr, was er tat.
Einen Tag später kamen die Drohungen. Mein Kunde habe beim Zocken 100 000 Euro verloren – die wollten sie nun haben. Man hat beim Zocken schon mal ein Bündel Scheine in der Tasche, aber 100 000 hat niemand dabei. Die hatten den armen Kerl total ausgetrickst und übers Ohr gehauen.

Also rief er mich an und sagte, dass er ein Riesenproblem habe und ob ich ihm helfen könne. Meine Antwort: »Klar, dafür bin ich ja da. Du legst dir eine neue Telefonnummer zu und gibst mir deine alte. Ich kümmere mich um den Rest.«

Als Erstes verabredete ich mich mit den Abzockern. Die wussten schon, wer ich bin. Obwohl sie so taten, als ob sie keine Ahnung hätten. Also fragten sie mich, wer ich sei.

»Ich bin Michael Kuhr und führe jetzt die Geschäfte für meinen Kunden. Was ihr gemacht habt, ist illegal, das geht nicht. Ihr habt den abgefüllt und wollt ihm jetzt 100 000 Euro abzocken. Die bezahlt er nicht.«

Mein Gegenüber wurde zunehmend aggressiv. Ob ich nicht wisse, wer sie sind? Ob ich nicht wisse, mit wem ich mich da anlege?

Ich entgegnete, dass ich mit meinem Kunden reden werde. Und dass sie nachdenken sollten.

Zu meinem Kunden sagte ich, dass die Jungs ganz schön gefährlich seien. Dass ich an seiner Stelle aber dennoch nicht zahlen würde. Irgendwas musste aber auch an deren Geschichte dran sein. Klar, er war Zocker und hatte sicher was verloren. Aber die Summe ging nicht.

Er fragte: »Was machen wir?«

»Entweder wir zahlen gar nicht und du brauchst Personenschutz. Oder du zahlst und hast vielleicht deine Ruhe. Wenn du zahlst, dann aber nicht alles, nur einen Teil. Was stellst du dir vor?«

Er bot 15 000 bis 20 000 Euro. Dann müsse Schluss sein. Das lehnten die Zocker wieder ab, sie wollten die 100 000. Aber ich blieb stur bei 20 000 und sagte: »Ruft mich an, wenn ihr es euch überlegt habt. Und wenn nicht: Ihr kennt meine Connections zur Polizei. Was ihr hier macht, ist Erpressung und mehr.«

Noch am selben Tag riefen sie an und akzeptierten die 20 000 Euro.

Nachdem ich das Geld überbracht hatte, dachte ich, so, nun wird Ruhe sein. Weit gefehlt! Ein paar Tage später riefen sie wieder an und sagten: »Da fehlen 80 000 Euro, das war nur die Anzahlung.« Und jetzt kam es: »Weißt du eigentlich, wer hinter uns steht? Sagt dir der Name Sharif K. was?«

»Klar kenn ich den. Lass uns mal treffen.«

Wenig später erschienen in der »Bonbon-Bar« Sharif K. und der Typ, der die 80 000 haben wollte.

Ich hatte Angst, ehrlich: Schiss bis hier oben. Ich bin da ganz alleine rein. Nur mit meiner verdeckten Waffe. Durchgeladen. Mein Fahrer wartete im Wagen draußen. Wir hatten ausgemacht, wenn ich nach einer halben Stunde nicht rauskomme, ruft er die Polizei. Oder vorher, wenn er sieht oder hört, dass geschossen wird. Die dachten drinnen, ich wäre alleine gekommen. Das hat sie natürlich beeindruckt, denn sie waren mit mindestens zehn Leuten angerückt.

Ich erklärte Sharif K. die Abmachung zwischen dem Typen und mir. K. fragte den Zocker, ob das so stimme, dass es einen Handschlag für die 20 000 Euro gab. Der wurde kleinlaut und gab alles zu. Da flippte K. aus und brüllte den Typen auf Arabisch an. Dann wandte er sich zu mir und sagte ganz ruhig: »Das Thema ist beendet. Du wirst nicht mehr belästigt.«

Dann haben wir uns die Hand gegeben. Als ich rausging, war ich mit den Nerven durch. Mein Schädel brummte vor Anspannung. Aber ich war im Recht, und ich habe es durchgesetzt. Seitdem lässt er mich und meinen Kunden in Ruhe.

Natürlich gibt es in der Unterwelt keine Regeln und Gesetze, nicht mal Ehre. Zumindest nicht unter den heutigen Verbrechern. Höchstens die Bosse und Familienoberhäupter – Vater, Onkel, Bruder – stehen manchmal noch für so was wie Ehrenworte, für ihre Ordnung. Aber die Abzocker und ihre Konsorten haben meinen Kunden einfach verarscht. Das können sie machen, wenn sie wissen, dass sich einer verarschen lässt. Wenn du nein sagst, dann machen sie es auch nicht. Wäre mein Mandant alleine gewesen, ohne mich, hätte er die 80 000 auch noch bezahlen müssen. Aber von mir wussten sie: Der macht das nicht mit.

Kurz bevor Sharif K. dann mal wieder in den Knast musste, hat er mir noch einen Blumenstrauß gebracht, echt! Ostern war das. Es war im »First«. Meine Leute standen an der Tür, als ein fetter Mercedes vorfuhr. Kein Geringerer als Sharif K. stieg aus, mit einem Riesenblumenstrauß in der Hand: »Hier, Jungs, für euren Chef, bestellt ihm liebe Grüße von mir.«

Die waren völlig geplättet. Und ich auch!

Der andere stadtbekannte Verbrecher ist Abdul A. Er ist einer der gefährlichsten Verbrecher der Stadt, sehr brutal. Der macht enorm viel Schutzgeld, sein Hauptgeschäft betreibt er mit dem Aufstellen von Spielautomaten. Um an Macht zu kommen, versucht er auf aggressivste Weise, den Leuten Angst einzujagen. Er ist voll cholerisch und war auch schon oft im Knast gewesen.

Ich kenne ihn aus dem Nachtleben, aus der Anfangszeit. Er hatte mitbekommen, dass ich mit meiner Türpolitik in der Discothek im Wedding erfolgreich war. Und da wollte er Teilhaber meiner Firma werden.

Als er zum ersten Mal in den Club kam, hat ihn ein Mitarbeiter von mir reingelassen, mit zwei Bodyguards. Dann wollten wir ihn abtasten, aber er weigerte sich. Ich merkte gleich, dass er sehr aggressiv werden würde. Und so zu einer Gefahr für meine Gäste. Also wollte ich ihn nicht.

Leider konnten meine Leute ihn nicht abweisen, sie hatten zu viel Schiss. Er unterbreitete mir dann mehrfach seine »Angebote«, aber ich blieb hart. Schon damals wollte ich keine Geschäfte mit Verbrechern machen und mir meinen Ruf nicht verderben.

Beim nächsten Besuch sagte ich ihm, dass ich ihn in meinem Club nicht mehr sehen möchte. Hausverbot! Er wurde wütend. Laut. Aggressiv. Die Situation stand kurz davor, zu eskalieren. Aber ich hatte Rückendeckung. Bayram, mein alter Sportkumpel, war auch bekannt in der Unterwelt. Vor ihm hatten sie alle Respekt. Er hielt zu mir. Also zog Abdul A. aus Respekt vor Bayram wutschnaubend davon.

Aber es nervte ihn, dass er mich nicht einschüchtern konnte, es ließ ihm keine Ruhe. Eines Tages rief er mich an, er wolle mich treffen. Zufällig saß gerade Oktay neben mir im Auto, er ist ein legendärer Boxer. Er hörte das Gespräch mit an und fragte: »Welcher Abdul ist das?«
Ich antwortete: »Na, Abdul A.«
Oktay war plötzlich total in Aufregung: »Spinnst du? Den kannst du nicht einfach so treffen! Lass mich raus!«

»Nein, du musst mit. Wir fahren da hin!«

Als wir in die Straße einbogen, stand da schon einer und observierte den Parkplatz. Vor der Kneipe standen noch mal zwei. Einlasskontrolle. Oktay versuchte immer noch, mich aufzuhalten: »Du kannst da jetzt nicht rein!« Aber irgendwie fand er es auch spannend. Ich dachte, wenn ich Oktay, die Boxer-Legende, dabeihab, passiert nichts.

Drinnen wurden wir erst mal mit Küsschen links, Küsschen rechts begrüßt. Oktay setzte sich gleich vorn hin, er kam gar nicht weiter. Die Leute begrüßten ihn wie einen Superstar. Mich bat man etwas weiter nach hinten durch. Allein.

Abdul: »Setz dich, wie geht's?«

»Gut, wie kommt's, dass du mich sprechen willst?«

»Ich möchte Teilhaber deiner Firma werden.«

»Wie – Teilhaber?«

»Na schau mal: Ich habe sehr viel Macht, in Discotheken, und will im Hintergrund Partner deiner Firma werden. Dann wirst du der Größte hier in Berlin.«

»Aber du weißt doch, dass ich nur mit der Polizei arbeite.«

»Die Polizei braucht doch davon nichts zu wissen.«

Ich konnte mir das Lachen nicht verkneifen: »Du glaubst doch nicht, dass ich mit einem Verbrecher arbeite? Ich bin seriös. Was schlägst du mir da für einen Blödsinn vor?«

»Nimm mich rein, in deine Firma, und du hast alle Discotheken in Berlin.«

»Mach ich nicht.«

»Kuhr, kein Problem, schlaf noch mal drüber und ruf mich an.«

»Weiß ich jetzt schon: kann ich nicht. Ist zwar verlockend, geht aber nicht. Da verlier ich meinen Ruf.«
»Schlaf drüber!«
Es folgte noch ein bisschen Small Talk. Dann verließen Oktay und ich die Kneipe.
Zwei Wochen später rief Abdul an: »Hast du es dir überlegt?«
»Ich bleibe bei meiner Antwort: nein.«
»Na, dann wirst du schon sehen!«
Als er mir unterschwellig drohte, sprach ich daraufhin mit der Polizei. Die machten gleich eine sogenannte Gefährderansprache. Das wird gemacht, wenn sie der Meinung sind, dass ein Gespräch Gewalt vorbeugt. Die Beamten besuchten also Abdul A. und sagten: »Da hat ein Gespräch stattgefunden, und Michael Kuhr hat den Eindruck, dass es Stress geben könnte. Er würde dann eine Anzeige machen. Wenn Michael Kuhr was passiert, stehen Sie als Erster unter Verdacht.«
So hat Abdul A. gesehen, dass ich meinen »Deal« mit der Polizei durchziehe. Erst mal ließ er mich in Ruhe.
Kurze Zeit danach kam er in den Knast, mal wieder. Kaum war er nach ein paar Jahren wieder auf freiem Fuß, wollte er ins »First«. Ich war mit dem Auto in der Nähe, als Peter mich mit dieser Info anrief. Ich fuhr sofort hin, um einzuschreiten. Wieder fing er mit seinen Drohungen an: »Ich war hier Stammkunde im First. Du wirst schon sehen, was du davon hast!«
Ich antwortete: »Du warst fünf Jahre hinter Gittern. Jetzt habe ich hier das Sagen an der Tür. Ist mir egal, wen mein Vorgänger reingelassen hat. Jetzt hast du Hausverbot. Du bist eine Gefahr für die Öffentlichkeit, und das weißt du auch.«

Dann stieg er in sein Auto – ein nagelneuer Daimler. Wer hat das schon: frisch aus dem Knast und gleich eine Wahnsinnskarre.

Ich informierte sofort die Polizei über die erneuten Drohungen. Wieder reagierten die Beamten schnell und machten in seiner Kneipe eine Gefährderansprache. Er gab Ruhe.

Sicher ist das alles gefährlich. Hier eine Prügelei, dort eine Bedrohung. Das zehrt an den Nerven. Verständlich, wenn dann doch einer klein beigibt, um Ruhe zu haben. Man denkt ja nicht nur an sich, sondern auch an seine Familie. Keiner kann mir garantieren, dass nicht doch mal einer die Knarre zieht und abdrückt. Aber ich lasse mich nicht einschüchtern. Ich habe Wege und Mittel gefunden, mich zu wehren. Standhaft bleiben, Respekt verschaffen. Das ist meine Devise. Und irgendwann wird es dann auch leichter.

BERLINER NÄCHTE

Beim Boxkampf

Viele denken, ich treibe mich jede Nacht bis in die Puppen rum, aber das mache ich schon lange nicht mehr. Ich habe eine Frau und ein Baby zu Hause, die sind mir wichtig, da kann ich nicht bis mittags schlafen. Ich stehe jeden Morgen um halb acht auf, dreimal die Woche gehe ich dann joggen, je 45 Minuten. Einmal in der Woche bin ich beim Kickboxtraining auf der Matte und verkloppe die Sandsäcke mit Händen und Füßen. Dann Frühstück, ins Büro, und ab mittags habe ich erste Termine. Meistens Besprechungen mit Kunden.

Ich bin nicht mehr der Jüngste, bald werde ich 50. Und lange Nächte schlauchen. Ich habe keinen großen Spaß mehr daran, ewig aufzubleiben.

Auf eine lange Nacht bereite ich mich mittlerweile vor. Meistens ist das am Sonnabend. Da drehe ich oft nach wie vor die Runde durch meine Clubs. Und fast jede Woche sichern wir Veranstaltungen, die am Wochenende stattfinden. Nicht jede ist so groß und aufwendig wie die Bambi-Verleihung im Estrel-Hotel, die Cinema for Peace Gala während der Berlinale oder die GQ-Gala. Mein Personal ist trotzdem permanent im Einsatz. Und die Auftraggeber sehen es gern, wenn ich persönlich vor Ort bin.

Samstags vor meiner Tour gehe ich oft in den Vitality-Club, meine Akkus aufladen: Sauna, Cardio-Training, Schwimmen, Lesen und ein bisschen Chillen auf dem Wasserbett im Ruheraum. Der Vitality-Club ist im Hotel Interconti, meine Lieblingsoase in Berlin. Hier bin ich selber nur Gast im Hotel. In anderen großen Hotels ist das anders.

Zum Beispiel im Estrel, das ist ein riesiges Tagungshotel im Stadtteil Neukölln. Mit 1100 Betten und einer Veranstaltungshalle für 6000 Leute. Wir haben da 300 Veranstaltungen im Jahr. Zu meinen Kunden gehören noch weitere Hotels wie das Andels-Hotel, Ellington-Hotel, Hotel de Rome, Soho House Berlin und das Hotel Q.

Eine typische Berliner Nacht hatte ich im Dezember 2010. Zusammen mit meinen Freunden Ivan und Bayram hatte ich VIP-Karten für den Boxkampf zwischen dem Russen Dennis Lebedev und dem Deutschen Marco Huck. Die Atmosphäre bei einem Boxkampf ist für mich was ganz Besonderes. Die Mischung aus dem Kampf Mann gegen Mann, dem Adrenalin und dem Glamour der Zuschauer.

Zeitig fahren wir drei zur Max-Schmeling-Halle im Prenzlauer Berg. Wir sind total gespannt auf den Kampf. Huck – früher auch mal Kickboxer – hat aktuell den WBO-Weltmeistertitel inne und wird von dem extrem aggressiven Lebedev herausgefordert. Da wir Karten für den VIP-Bereich haben, gehen wir über den roten Teppich in die Boxhalle.

Ich kenne hier viele Leute aus der Szene. Sie kommen und klopfen mir auf die Schultern. Küsschen hier,

Scherzchen da. Im Vorbeigehen sehe ich Oktay, der mit seinen Brüdern da ist. Wir grüßen uns erst mal von weitem. Lauter Zuruf durch den Raum, typisch Oktay. Klar, wir sehen uns eh später noch am Ring.

Mein Ziel ist zunächst das VIP-Buffet, denn ich habe den ganzen Tag kaum was gegessen. Ich fühle mich wohl, heute bin ich als Gast hier. Kein Dienstleister. Also darf ich essen. Dann grüßt mich Cengiz Koç. Er war auch Kickboxweltmeister und hat früher zu mir aufgeschaut. Er ist einer der wenigen Boxer, der sogar Abi gemacht hat. Jetzt spielt er manchmal Nebenrollen bei TV-Krimis. Außerdem verdient er sein Geld mit Immobilien. Dann treffe ich die Sportreporter von *Bild* und ARD. Und die Organisatoren der Leichtathletik-WM, die ich seit 2009 ja auch kenne. Viele Boxer und C-Prominenz stehen im VIP-Bereich, in eleganten Anzügen, und dazwischen ein paar Frauen, die eine gute Figur machen. Meine Freunde und ich gesellen uns dazu. Diana sagt immer, dass es schwierig ist, mit mir in der Öffentlichkeit irgendwo hinzugehen. Ständig begrüßen mich Leute, man kommt kaum voran. Aber das bringt einfach mein Beruf mit sich.

Langsam füllt sich die Halle, es wird lauter. Vereinzelt hört man Beifall für die Boxer im Vorprogramm. Im Fernsehen beginnen die Reportagen über die Hauptboxer. Die Spannung steigt. Der Duft von Adrenalin verbreitet sich.

Wir warten noch oben im VIP-Bereich. Auf den Bildschirmen kann man sehen, wer unten gerade boxt, aber mich interessiert sowieso nur der Hauptkampf. Bayram geht schon mal die Lage checken, rumstehen und quatschen ist nicht seins.

Richtig laut wird es in der Halle erst, als das Urteil zum Kampf von Huck vs. Lebedev gesprochen wird. Huck hätte eigentlich verlieren müssen. Oder zumindest ein Unentschieden. Aber die Richter entscheiden gegen Lebedev, obwohl er stark attackiert und Huck eigentlich zu viel defensiv gekämpft hat. Meiner Meinung nach ein Fehlurteil.

Huck hat den gleichen Trainer wie Arthur Abraham, das ist der Weltmeister im Mittelgewicht, die Trainerlegende Ulli Wegner vom Box-Promoter Sauerland. Er hatte früher auch Henry Maske und Axel Schulz unter Vertrag und ist eine große Nummer im Geschäft, richtet mit der ARD die Live-Kämpfe aus. Es geht also um viel Geld.

Arthur Abraham war vor kurzem deklassiert worden. Wenn das Huck jetzt auch noch passieren würde, hätte es dumm ausgesehen für Sauerland. Und für die ARD. Und für die Werbekunden.

Und für den Schrank von Mann, der in der Reihe vor uns am Ring sitzt. Ein Kumpel von Huck. Rechts und links noch zwei Begleiter. Ein Typ in feinem Anzug und mit einer Brillantuhr, so groß wie ein Hühnerei. Er brüllt für Huck, sehr emotional. Springt immer wieder auf. Bis mein Partner Peter, der mittlerweile auch zu uns gestoßen ist, ihn bittet, sitzen zu bleiben. Da fährt er fast aus der Haut und brüllt Peter an. Die Situation ist nahe daran, zu eskalieren. Wahrscheinlich ist der Typ eh schon gereizt, weil Huck nicht wie sonst so klar dominiert.

Als die nächste Runde beginnt, das gleiche Spiel. Der Typ springt wieder die ganze Zeit rum und vermiest uns die Sicht auf den Ring. Aber Peter hat keinen Bock auf Stress, also lässt er ihn springen.

Nach zwölf Runden ist der Kampf zu Ende. Diskutierend und auch enttäuscht gehen wir zurück in den VIP-Bereich nach oben. Small Talk unter Fachleuten. Rechtfertigungen für und gegen den Sieg. Dann schnappe ich mir Ivan, und wir machen einen polnischen Abgang. Bayram bleibt noch, mit Oktay zusammen. Die Nacht ist noch jung, und in den Clubs geht es jetzt erst richtig los.

Durch die Clubs

Wenn ich »auf Streife« gehe, wird es oft spät. In manchen Clubs wird es sogar erst um fünf, sechs Uhr früh richtig voll. Dann ist man erst um neun zu Hause.

Diese Nacht will ich einen neuen Mitarbeiter testen. Er heißt Aliyou und hat sich die Tage zuvor bei uns beworben. Ein Schrank von einem Mann, der Türsteher werden möchte. Super ist, dass er neben Deutsch fließend Französisch und Englisch spricht. Das ist immer gut, solche Leute brauche ich.

Sein erster Auftrag: mich und Ivan abholen und zum Hyatt in die »Vox-Bar« fahren. Ich will sehen, ob er als Fahrer was taugt.

Die »Vox-Bar« ist eine schöne Bar mit Live-Band. Ich bestellte ein Ginger-Ale, ausnahmsweise mit Southern Comfort, und einen O-Saft für Ivan.

Von der »Vox-Bar« aus habe ich einen guten Blick auf das Adagio und die Spielbank. Ich schaue auf die Uhr: gerade mal eins.

Draußen am Eingang warten immer noch Gäste, die in den Club reinwollen. Meine Jungs sprechen jeden an und kontrollieren die Ausweise bei denen, die besonders jung aussehen. Einen Mann weisen sie ab. Gut gekleidet. Von weitem nicht erkennbar, warum. Also frage ich kurz nach. Unsere Selekteurin meint, der war wahrscheinlich total auf Drogen. Die Augen glasig. Kaum ansprechbar, aber ruhig.

Ich bin ein totaler Drogengegner. Ich hatte in meinem Leben nur zwei Drogenerlebnisse. Und die haben mich geheilt.
Die Leute haben früher viel von »Kekspartys« erzählt. Ich esse gern Kuchen. Wie gesagt: Süßmaul! »Keksparty« klang interessant. Also fragte ich einen Freund, der es wissen muss, was da abgeht.
»Na, ne Party, wo wir eben Kekse essen. Kekse mit was drin, was man sonst normalerweise nur raucht.«
Aus Neugier habe ich mir das dann mal zum Geburtstag gewünscht, da war ich Mitte 30. Und ich bekam meinen ersten und letzten »Kekskuchen«. Vorsichtig hab ich ein Stück gegessen. Man weiß ja nicht, was mit einem dann passiert. Aber ich merkte überhaupt nichts. Mein Kumpel meinte, ich solle erst mal abwarten. Ich wartete – nichts. Ungeduldig wie ich eben war, aß ich noch ein Stück und: Bumm! Das war so was von verrückt! Grade unterhalte ich mich mit meinem Kumpel, und peng, bin ich weg, in einer anderen Welt. Plötzlich steh ich auf der Straße und weiß gar nicht, wie ich da hingekommen bin. War gar nicht real.
Dann war mir so was von schlecht. Als ich nach Hause kam, hat mich meine damalige Frau gefragt: »Was haben sie denn mit dir gemacht?« Ich war zwei Tage komplett weg. Mein Fazit: Nie wieder! Was für eine Scheiße!
Aber man soll ja nie NIE sagen. Meine frühere Nach-

barin erzählte immer von ihrem »Paper«. Das nahm sie wohl immer, wenn sie mal nachts ausging. Sie meinte, man kommt dann schneller in Stimmung und es feiert sich besser. Für mich nicht nachvollziehbar.

Als ich einmal auf einen Kaffee zu ihr rüberging, lag ein kleiner Schnipsel von diesem »Paper« auf dem Tisch. Das sah original aus wie ein Stück Papier von der *B.Z.* – wie Zeitungspapier. War aber nicht größer als mein Fingernagel.

Sie meinte zu mir: »Wenn du so ein Stückchen isst, bist du den ganzen Tag gut drauf.«

Ich antwortete etwas irritiert: »Ich bin immer gut drauf. Also was soll der Quatsch?«

»Nimm's doch mal mit. Probier es aus.« Sie steckte das Zeug in einen Briefumschlag und gab ihn mir.

Ich konnte mir echt nicht vorstellen, dass so ein Stück Papier besondere Auswirkungen auf mein Gemüt haben sollte. Also lief ich damit erst mal zu meinem Kumpel Gerd in seinen Computerladen und erzählte ihm von dem »Paper«. Ich zeigte es ihm und sagte: »Meine Nachbarin meinte, wenn ich das esse, hab ich 'nen guten Tag. Allet lustig, allet easy.«

Gerd schaute mich ungläubig an und lästerte: »Mannomann, du lässt dich verarschen! Dir können sie was vom Weihnachtsmann erzählen – und du glaubst das noch!«

»Okay, dann teilen wir und essen das.«

Also hat jeder ein kleines Stück gegessen. Erst saßen wir noch vorm PC rum. Nichts passierte. Er lachte mich schon aus. Ich rief meine Nachbarin an. Sie meinte: »Na warte doch mal ab. Habt ihr vorher was anderes gegessen?«

»Ja, waren gerade Mittag essen.«

»Dann dauert es bisschen länger.«

In dem Moment, als ich auflegte, fing ich an zu lachen. Gerd auch. Völlig verrückt! Wir konnten gar nicht mehr aufhören. Am helllichten Tag, mitten in Gerds Laden. Wir haben die ganze Zeit nur gelacht!

Dann sind wir raus an die frische Luft, eine Runde im Karree laufen. Aber es hörte nicht auf: Wir waren nur am Lachen.

Am Abend hatte ich Training, mit meinen Schülern. Am Anfang steht man in der Runde und verbeugt sich zur Begrüßung. Ich stand also da, wollte mich gerade verneigen – zack, ging es wieder los! Ich konnte nicht aufhören zu lachen. Mir war das sehr peinlich. Gerade beim Sport, wo ich mich als Trainer voll unter Kontrolle haben sollte. Also übergab ich das Training an meinen Assistenten. »Mensch, ich weiß nicht, was heute los ist, geht heut nicht«, war meine Ausrede. Natürlich habe ich nicht erzählt, was passiert war.

Am nächsten Tag hat mich Gerd zur Schnecke gemacht. Dass ich nie wieder mit so was ankommen soll. Er fragte: »Weißt du überhaupt, was das war?«

»Nein, keine Ahnung. Paper?«

»Du mit deinem Scheiß ›Paper‹!«, machte er mich an. »Mann, das war LSD! LSD!«

Der war richtig sauer. Aber zum Schluss musste er auch irgendwie über uns grinsen. So was Dummes!

Das waren meine beiden Drogenerfahrungen. Seither habe ich nie wieder dieses Zeug angefasst. Darauf bin ich stolz, weil es in der Szene, in der ich verkehre, ohne diese Drogen nicht zu gehen scheint.

Einmal wollte mich ein Typ zum Koksen einladen, in einer Discothek, die ich betreute. »Komm mal mit, ich hab was für dich«, und zieht mich zur Toilette. Da lag schon eine Linie. Ich kannte den Typen nicht mal!

Ich stellte mich dumm und fragte: »Ja und, was soll ich jetzt machen?«

Er bückte sich, sog die Linie durch die Nase auf und sagte: »So musst du das machen.«

Also beugte ich mich runter, über die Linie, und pustete das Zeug einfach weg. Der ist total ausgeflippt.

Ich schmiss ihn raus aus dem Club: »Du weißt wohl nicht, wer ich bin?«

Mich nervt diese Drogenscheiße total. Ich hasse das Zeug. Es verändert den Charakter der Leute so sehr, und sie merken es nicht mal. Von meinen Leuten macht das auch keiner. Würde es einer machen, würde ich ihn sofort rausschmeißen, denn Drogen machen nur bestechlich.

Bei zwei ehemaligen Mitarbeitern bin ich dahintergekommen, dass sie koksten. Sie haben an der Tür vom »First« gearbeitet. Das ist ein beliebter Club, in den viele reinwollen, aber nur wenige reindürfen. Den Club in Wilmersdorf gibt es seit fast 30 Jahren, und einige prominente Gäste waren schon da gewesen: Michael Douglas, Robert De Niro, Kevin Kostner, George Michael, Liza Minelli, Scheichs und Prinzessinnen und, und, und.

Meine beiden Ex-Mitarbeiter haben sich oft einladen lassen, offenbar jedes Wochenende. Sie dachten, sie wären die Könige. An der Tür und der Garderobe bekamen sie eine Menge Trinkgeld. Dazu noch der eigene Verdienst. Nicht schlecht. Auch die beiden hatten sich völlig verwandelt: Nase hoch. Arrogant. Unbesiegbar. Bis ich es rausbekam und sie vom Thron stieß. Kündigung – ohne Wenn und Aber. So was gibt's bei mir nicht.

Drogen sind also allgegenwärtig, in den Berliner Nächten. Doch jetzt habe ich was anderes zu tun, schließlich muss ich mich um meinen Bewerber Aliyou kümmern. Den haben wir erst mal im Auto sitzen gelassen. Sein zweiter Auftrag: Beobachten des Eingangsbereichs zum »Adagio«.

Ich positioniere oft Leute außerhalb meiner Clubs. Sie sollen melden, wenn etwas Auffälliges passiert. Besonders wenn Stress zu erwarten ist.

Im »Star Island« hat sich das einmal richtig gelohnt. Das war eine Discothek in Spandau. Vor dem Eingang stand mein Auto mit einem Kameramann drin. Und unserem Hund, einem Dobermann. Um 2.30 Uhr gab es plötzlich Stress, und meine Jungs rannten rein, um die Schlägerei zu beenden und die Übeltäter rauszuschmeißen.

Diana, sie arbeitete da als Selekteurin, stand kurz allein an der Tür. Sie beobachtete, wie einer wie von der Tarantel gestochen rausrannte zum Auto. Dann kam er wie ein Verrückter zurückgerannt und trat gegen die Tür, die Diana grade eben geschlossen hatte. Sie war nur von innen zu öffnen und hatte leider keine Fenster zum Raussehen. Als die Jungs von der Schlägerei zurückkamen, warnte sie den Einsatzleiter des Abends: »Passt auf. Da ist ein Typ draußen, der ist nur am Randalieren.« Von hinten drängelten schon die ersten Leute, die den Club verlassen wollten. Unter anderem derjenige, der den Streit vorhin angezettelt hatte.

Mein Türsteher öffnete also vorsichtig die Tür. Von hinten schubsten sie so sehr, dass gleich ein ganzer Tross rausstolperte. Da holte der Typ aus, mit der Machete in der Hand und zog durch. Überall spritzte Blut. Schreie. Draußen liefen sofort zwei Zivilpolizisten herbei, die an dem Abend vor Ort waren. Ohne dass der Verrückte weitersäbeln konnte, brachten wir ihn gemeinsam mit ausgestreckter Waffe zu Boden. Parallel versorgten wir die Verletzten. Zum Glück war »nur« der zweite Streithahn schwer von der Machete getroffen worden. Es war offensichtlich die Armarterie. Also Druckverband anlegen und den Typen wach halten, bis die Feuerwehr kommt.

Die ganze Aktion haben wir auf Video, mein Kameramann im Auto hatte ja alles gefilmt. Etwas verwackelt, denn als unser Hund spürte, dass da draußen was passiert, hat er das ganze Auto zusammengebellt und -geknurrt. Der Mann war froh, dass zwischen Kofferraum und Personenbereich ein Gitter war. So einen Dobermann »lächeln« zu sehen, ist ja kein sonderliches Vergnügen.

Aber jetzt, vor dem »Adagio«, ist es ruhig. Nur lange Warteschlangen. Nette Gäste. Keine wirklichen Stressmacher. Also fährt uns Aliyou auf einen Abstecher ins »Soho House«, Torstraße, Berlin Mitte. Seit es 2010 aufgemacht hat, sind wir für die Security zuständig. Aliyou wartet wieder im Auto.

Das »Soho House« ist ein Hotel mit Member-Club. Dieses Konzept stammt aus England. Man wird nur eingelassen, wenn man Mitglied ist. Oder von einem Mitglied eingeladen wurde. Mitglied kann nur werden, wer »kreativ« ist: Schauspieler, Filmemacher, Leute aus der Musikbranche, Werber, Journalisten. Und alles sehr britisch: Der Club soll dein zweites Zuhause sein, mit Hotelzimmern, Sauna, Bar, Swimmingpool, Partys. In London und New York laufen die Soho-Häuser sehr gut. Sogar die Mädels aus *Sex and the City* haben da gefilmt.

Das Haus, in dem der Soho-Club residiert, hat eine lange Geschichte: Es wurde Ende der 20er Jahre von einem Juden als Kreditkaufhaus gebaut, im Bauhausstil, mit geschwungener Fassade. Dann enteigneten die Nazis den Besitzer und die NSDAP quartierte dort die Hitlerjugend ein. Nach dem Krieg übernahm die SED das riesige Gebäude, und Wilhelm Pieck saß da in seinem Dienstzimmer. Dieser Raum heißt heute »Politbüro« und wird für Partys genutzt.

Wenn ich nicht so weit weg wohnen würde – 40 Minuten Fahrzeit –, wäre ich oft da. Ich kann das Soho House auch gut für meine Arbeit nutzen, für Kundenbesprechungen.

Letztens, während der Berlinale, war Madonna da. Ich bekam ein paar Tage vorher einen Anruf: Wir sollen uns bereithalten für einen »Geheimgast«. Dafür waren drei Suiten in drei verschiedenen Hotels gebucht worden. Zur Irreführung. Madonna übernachtete dann mit ihrem Lover im Soho. Sie gab keine Interviews. Trotz unserer Verschleierungstaktik standen draußen zig Journalisten und hofften auf ein Foto. Nichts. Sie fuhr mit dem geheimen Lastenaufzug zu ihrer Suite. Pech für die Presse.

Das Soho House ist angesagt. Oft weiß keiner, welche Promis da ein und aus gehen. So soll es sein. Sie sollen sich wie zu Hause fühlen und nicht ständig von Paparazzi verfolgt werden.

Einmal hat Thomas Sabo, der Schmuckkönig, dort seine Party ausgerichtet. Viele Promis. Großes Spektakel, selbst für ihn. Ich habe mir die Lokalitäten einen Tag vorher nochmal angeschaut. Den Auftraggeber hat das verwundert, dass der Chef selbst kam, um die Lage zu sondieren. Ich mache das, damit ich weiß, was beziehungsweise wer gebraucht wird. Dann kann ich Mitarbeiter schicken, die zur Veranstaltung und zur Szene passen. Ich stellte Thomas Sabo ein Security-Team zusammen, von dem er hinterher richtig beeindruckt war.

Als ich das Soho House betrete, ist es erst 2 Uhr. Meine Mitarbeiter hier sind seit drei Stunden im Einsatz und haben sich einen guten Überblick verschafft. Ich quatsche ein bisschen mit ihnen: Wie es so läuft, wer da ist, was man so redet. Durch solche Gespräche erfährt man viel. Denn auch meine Mitarbeiter kennen natürlich die Leute der Szene. Von den Türen, aus den Clubs, manchmal aus ihrem Alltag, denn einige kommen aus der gleichen Welt: Viertel, Schule, Muckibude. Bevor wir gehen, zeige ich Ivan kurz den Blick von der Soho-House-Dachterrasse, der ist gigantisch.
Direkt vor uns steht riesengroß der Fernsehturm, rundherum die dunklen Dächer der Stadt. Unsere Stadt, hell erleuchtet liegt sie da. Bei diesem friedlichen Anblick kann man sich kaum vorstellen, wie viel Schlimmes da unten passiert. Jeden Tag, jede Nacht.
Aber weiter geht's. Raus aus dem warmen gemütlichen Club, rein in die kalte Nacht zum nächsten Club. Wir fahren in die »Amber Suite«. Da war ich schon lange nicht mehr, aber auch hier stehen meine Leute am Eingang auf dem roten Teppich.

Der Club befindet sich im Ullsteinhaus in Tempelhof. Der Ullstein-Verlag war einst der größte Zeitungs- und Zeitschriftenverlag von Europa. Seit vielen Jahren wird die ehemalige Kantine mit ihren Clubräumen als Discothek genutzt. Alles eher barock und überladen. Es gibt eine Lounge, Tanzräume mit deutscher Schlagermusik und Areas mit aktueller Discomusik.

Heute Nacht ist es knackevoll. Viele Leute in meinem Alter, die Spaß haben am Tanzen. Alle ziemlich ungefährlich. Meine Männer kontrollieren am Eingang das Alter – der Club ist ab 27 – und die Kleidung. Abendgarderobe ist angesagt.

Manchmal fühlt sich ein gestandener Mann etwas auf die Füße getreten, wenn wir ihn wegen seiner Kleidung abweisen. Aber sonst gibt es hier eher selten Stress. Kaum Schlägereien. Es kommt mal vor, dass einer zu viel getrunken hat und aus Übermut die Damen zu heftig anbaggert. Der wird dann eben freundlich hinausgebeten. Meine Jungs arbeiten da gern. Nicht ständig Prügeleien und das ganze Prozedere mit der Polizei anschließend. Ein ruhiger Job. Braucht man auch!

Gegen halb vier kommen wir zurück zum »Adagio«. Der Club liegt im Untergeschoss vom Berlinale-Palast, neben der Spielbank. Wenn man auf den Eingang zuläuft, muss man über den langen roten Teppich, das gibt dem Club schon was Festliches. Die Gäste kommen elegant gekleidet, und auch hier haben wir oft Promis. Till Schweiger, Sebastian Schweinsteiger, Michael Jackson, Rammstein – waren alle schon da.

Das »Adagio« ist ein riesiger Raum mit Säulen und Deckengemälden. Vorne auf einer Bühne stehen Tänzerinnen und Tänzer und DJs. In guten Nächten bebt die

Menge. So wie heute. Links von der Bühne, hinter der Bar, befindet sich leicht erhöht die VIP-Lounge. Da stehen auch immer Leute von mir, denn da kann nicht jeder einfach reinspazieren.

In der VIP-Lounge gibt es etwa sechs Tische. Darauf stehen Sektkühler mit Eis und mehreren Flaschen Champagner drin. Die Leute sind um die dreißig, viele junge Männer und Frauen. Viele Stammgäste und Touristen aus aller Welt. Von hier aus können sie den Tänzerinnen die Fesseln streicheln. Das macht die total an. Manche flippen fast aus.

Aliyou habe ich jetzt mit an die Tür gestellt. Mal sehen, was die anderen von ihm halten. Er muss ins Team passen. Wenn da einer anfängt zu erzählen, was für ein toller Hecht er ist und wo er schon überall gearbeitet hat, ist der bei denen durch. So was »Protziges« mögen meine Jungs und Mädels nicht. Mit Bescheidenheit kommt man oft weiter.

Aliyou hält sich eher zurück. Ich höre nichts Negatives über ihn.

Nach etwas Small Talk mit den Jungs und dem Geschäftsführer ist es auch schon wieder 5 Uhr. Die Stimmung ist gut, alle feiern. Ich sehe keinen Grund, hier noch länger zu bleiben. Also geht's weiter ins »First«.

Hier geht es jetzt erst richtig los. Morgens zwischen fünf und sechs, wenn die Stimmung in den anderen Clubs nachlässt, fallen die Partylöwen hier ein.

Der Eingang zum »First« sieht aus wie der zu einer Höhle. Davor ist ein kleinerer Platz, so dass meine Leute schnell sehen, wer vorfährt oder angelaufen kommt. Heute stehen sie hier zu dritt. Zwei an der Tür.

Einer an der Garderobe. Alle in schwarzen Anzügen und schwarzen Hemden, sehr elegant.

Der Laden ist relativ klein, nur knapp 150 Leute gehen da rein. Innen Spiegelwände, rechts der Tresen, links auf einem Podest ein paar Tischchen, in der Mitte vor einer Säule ein Flügel, mehr nicht. Wie immer sind hier viele Geschäftsleute – junge und alte –, oft müssten die gar nicht mehr arbeiten. Sie machen aber trotzdem noch Geschäfte, auch hier in der Nacht. Viele kommen allein. Manche sind dann recht schnell in Begleitung. Einige der vielen jungen hübschen Frauen sind Edelhuren. Das würde man nicht meinen, die sehen aus wie Models.

Jochen wirbelt hinter dem Tresen, ihm gehört der Laden seit 28 Jahren. Den Frauen schenkt er Rosé-Champagner ein. Im Silvester-Lametta glitzert das Licht. Der Laden schwirrt wie im Rausch.

Zu späterer Stunde, wenn die Gäste zu viel getrunken haben, bieten wir ihnen unseren Security-Shuttle-Service an. Damit sie nicht betrunken Auto fahren, bringt sie ein Fahrer von uns nach Hause. Wenn sie wissen, dass sie feiern wollen, lassen sie sich oft auch gleich von zu Hause abholen.

Immer öfter fahren wir auch die Schützlinge meiner Kunden, wenn sie abends ausgehen wollen. Die Eltern wollen, dass ihre 16-, 17-jährigen Youngsters morgens wieder wohlbehalten in ihren Betten schlummern. Klar, wer es sich leisten kann, lässt sein Kind Samstagabend nicht mit dem Bus oder mit der U-Bahn fahren.

Es ist gleich halb sieben, meine Jungs müssen noch bis um 9 Uhr durchhalten. Auch hier ist heute nicht mehr mit Stress zu rechnen. Also verabschiede ich mich. Ali-you fährt uns nach Hause. Um halb acht liege ich endlich im Bett.

Dann weckt mich Diana plötzlich, obwohl es gerade mal 8.15 Uhr ist. Mein Mann vom »First« habe vollkommen aufgelöst angerufen und will, dass ich sofort vorbeikomme. Ich rufe ihn stinksauer zurück und frage, was los ist.

Ein Gast ist zu ihm gekommen und hat ihm seine Knarre in die Hand gedrückt. Mein Mann fasste das als Bedrohung auf: Es geht auch anders! Wenn's sein muss, schießen wir scharf!

Jetzt erkläre ich ihm, dass der Mann ein sehr reicher Schmuckhändler ist, der zu seinem eigenen Schutz eine Waffe tragen darf. Ich habe mit ihm vereinbart, dass er seine Waffe morgens bei Peter an der Tür abgeben kann und wir sie dann in den Tresor vom »First« legen. Peter ist aber dieses Wochenende ausnahmsweise nicht im »First«.

Zum Glück ein klassisches Missverständnis. Alle waren wieder beruhigt. Endlich schlafen! Hoffentlich jetzt ungestört.

Eyes Wide Shut

In der Woche nach seinem ersten »Einsatz« stelle ich Aliyou ein. Er hat sich gut gemacht und auch Spaß an der Sache gehabt. Seine Stimmung war den ganzen Abend über gut gewesen, schließlich gab es auch ordentlich was zu sehen. Du bekommst eine Menge mit, an der Tür, in den Nächten von Berlin. Auch Leute und

Leben, die du sonst nicht zu sehen bekommen würdest. Das ist der Grund, warum viele den Knochenjob Türsteher so gerne machen. Sie bekommen Zugang zu einer Welt, die ihnen sonst verschlossen wäre.

Für mich ist das alles eigentlich längst nichts Neues mehr. Aber vor kurzem hatte ich doch noch mal einen Auftrag, von dem ich mir nie hätte träumen lassen.

Eines Tages bekam ich eine diskrete Anfrage, per Mail. Der Auftraggeber nannte sich »Castleevents«. Davon hatte ich noch nie gehört. Sofort schaute ich mir die Homepage an. Dort sieht man Frauen in Cocktailkleidern, Masken, Champagner und Herren in Smokings. Geheimnisvoll, erotisch, spannend. Unweigerlich fühlte ich mich an den Film »Eyes Wide Shut« mit Nicole Kidman und Tom Cruise erinnert. Sollte es sich um solche Sex-Partys handeln?

Ich unterhielt mich lange mit dem Auftraggeber, um sicherzugehen, dass es eine seriöse Sache war. Er suchte einen professionellen und diskreten Sicherheitsdienst. Er sollte nicht enttäuscht werden.

Am Veranstaltungstag finde ich mich rechtzeitig im Schloss Grunewald, in einer sehr eleganten und wohlhabenden Gegend, ein. Ich bin von der Location und ihrer traumhaften Aufmachung sehr beeindruckt. Schnell wird mir klar: Dieses Event findet nur mit ganz besonders gut ausgewählten Künstlern, Dienstleistern und Gästen statt.

Meine Aufgabe ist es, die geheimnisvollen Gäste zu empfangen, sie vom Tor in das Gebäude zu begleiten und das Passwort abzufragen. Kein Problem, mit solch ausgewählten Gästen leichte Arbeit.

Irgendwann fällt mir ein sehr attraktives und höfliches Paar auf. Es fährt mit einem extrem heißen Sportwagen mit ausländischem Kennzeichen vor. Die Frau verdeckt ihr Gesicht mit einer auffälligen Maske, die nur mit Strasssteinen verziert ist. Ich frage den Herrn nach seinem Passwort. Wortlos hebt dieser seine Hand aus dem Fenster. Er trägt den Founder-Ring – für mich das Zeichen, ihn ohne weitere Fragen passieren zu lassen. Ich weise ihm einen Parkplatz zu und helfe der Dame beim Aussteigen.

Im späteren Verlauf des Abends patrouilliere ich mehrmals durch die Räumlichkeiten und Flure. Hier treffe ich die Dame aus dem eleganten Sportwagen wieder. Es scheint, als würde sie etwas auf dem Teppich suchen. Ich frage sie höflich, aber mit der nötigen Distanz, ob ich ihr eventuell behilflich sein kann. Sie erklärt mir auf Englisch, dass sie einen Ohrring verloren habe und dieser unter Umständen sogar in einem der Séparées liegen könnte. Dort sei es jedoch so dunkel, dass sie ihn unmöglich ausmachen könne.

Ich begleite die Dame in das besagte Zimmer. Hier vergnügen sich mittlerweile mehrere Paare. Es ist sehr warm und dunkel. Nur Kerzen erhellen den Raum, und die Chill-out-Musik untermalt die abstrakte und irgendwie surreal erscheinende Szene der in sich verschlungenen Liebenden. In dieser ungewöhnlichen Situation einen Ohrring zu suchen, abgesehen von der Dunkelheit und der reichhaltigen Ablenkung, erscheint mir für einen kurzen Augenblick schier unmöglich.

Ich zücke meine Taschenlampe und leuchte den Boden ab. Die Dame lächelte derweil verlegen und zeigt auf ein plüschiges Sofa: »Maybe it is over there. I was there with my husband.«

Auf dem besagten Sofa räkeln sich gerade zwei Damen in äußerst aufreizender Pose. Sie sagen etwas in einer mir unbekannten Sprache und lachen. Ich frage so höflich und diskret wie möglich: »Excuse me please, may I take a look under the lounger? The lady over there lost one of her earrings.«

Eine der beiden Frauen lacht und sagt: »Honey, you can take a look wherever you like!«

Sie streicht sich über die Beine, dann höher in Richtung Schambein. Mein Blick fällt zwangsläufig auf ihre Strapse, wo ich plötzlich etwas funkeln sehe. Ich leuchte mit meiner Taschenlampe an ihrem Bein entlang und entdecke den vermissten Ohrring, welcher sich in der Spitze verfangen hat. Ich lächle die Dame etwas verlegen, aber auch leicht verschmitzt an und erwidere: »Well, I have already seen what I have been looking for.« Ich zeige auf ihr Bein. Sie begreift sofort und befreit den Ohrring aus dem Spitzenstoff.

Sofort wende ich mich von den in sich verschlungenen Frauen ab, der Dame entgegen, neben der nun auch ihr Begleiter steht. Ich überreiche ihr den Ohrring. Sichtlich erfreut und erleichtert laden sie mich daraufhin auf ein Glas Champagner ein. Selbstverständlich lehne ich dies höflich ab, denn auch ohne Alkohol ist es schon schwer genug, in diesem Ambiente die Contenance zu bewahren.

Im Endeffekt hatte ich den Job wohl so gut erledigt, dass eine europaweite, regelmäßige Zusammenarbeit mit dem Auftraggeber Castleevents entstanden ist. Offenbar hatten die Sicherheitsleute vor mir es nicht ge-

schafft, in so außergewöhnlichen Situationen einen
kühlen Kopf zu bewahren und höflich und zurückhaltend zu bleiben. Da standen vorher wohl eher so Body-
builder. Und wir verstehen uns eben als diskrete
Dienstleister – auch in Situationen, die einen irgendwie
aus der Fassung bringen könnten!

Die Männer des Jahres

Wir haben schon viele Partys und Galas gesichert.
Manchmal braucht man dabei bis zu 150 Sicherheits-
fachkräfte. Generell sind die Positionen, die ich da besetzen muss, meist ähnlich: Anfahrtszone, roter Teppich, Einlass, Pressebereich, Zugangsbereiche für die
Gäste, Notausgänge, Backstage und Bühne. Das sind
so die wichtigsten Positionen.
Meine Mitarbeiter bei der Anfahrtszone heißen die
Gäste willkommen und öffnen die Türen der vorfah-
renden Autos. Die Jungs auf dem roten Teppich müssen dafür sorgen, dass die Gäste und Promis dort nicht
von Fans überrannt werden. Hier positioniere ich oft
große Männer, weil deren Anblick schon abschreckend
wirkt, und der Fan gar nicht erst auf die Idee kommt,
über die Bande zu klettern.
Beim Einlass stehen wir oft zusammen mit den Hostessen. Die Damen kontrollieren die Einlasskarten,
denn es ist einfach netter, wenn das eine charmante
Dame macht. Trotzdem stehen meine Jungs natürlich
gleich ganz in der Nähe, falls es mal Stressmacher
gibt. Es kommt immer wieder vor, dass Leute versuchen, in eine Veranstaltung zu gelangen, und total auf

wichtig machen, obwohl sie eigentlich nicht erwünscht sind.

Im Pressebereich sind meine Leute zum einen Ansprechpartner für die Journalisten, wenn sie noch Strom oder sonstige Technik benötigen. Sie holen dann die verantwortlichen Techniker ran. Zum anderen muss die Presse oftmals einfach in Schach gehalten werden. Außerdem dürfen die Journalisten bestimmte Bereiche nicht verlassen, damit die Promis auch nur dort fotografiert werden, wo sie es möchten.

Notausgänge etc. müssen deshalb bewacht werden, damit diese nicht von irgendwelchen Gästen von innen geöffnet werden, um Fremde von außen reinzuholen.

Außerdem muss man im Notfall, zum Beispiel bei einer Evakuierung, sofort reagieren können und Personal haben, das die Gäste in die richtigen Wege lenkt.

An der Bühne habe ich auch immer ein ausgewähltes Team. Manchmal stehe ich da sogar selber. Nicht, um gelegentlich ins Bild zu kommen, wie eventuell der eine oder andere jetzt denken würde! Es geht darum – gerade, wenn zwischen Publikum und Bühne Absperrungen fehlen –, zu verhindern, dass jemand aus dem Publikum auf die Bühne rennt. Bei der Show »Willkommen bei Carmen Nebel« muss ich immer persönlich dabei sein. Ich laufe hier immer hinter der Kamera an und auf der Bühne mit. Das wird so gewünscht, weil ich so klein und unauffällig bin. Da sag noch mal einer, Securitys müssen immer groß und kräftig sein!

Im Vorfeld einer Veranstaltung gibt es im Idealfall unzählige Meetings und Begehungen, damit der Einsatzleiter die Location in- und auswendig kennenlernt.

Er muss wissen, wer wann wo und wie lange gebraucht wird. Kurz vor dem Start geht er nochmal mit dem Veranstalter die Positionen ab, um eventuelle Sicherheitslücken zu entdecken. Dann muss alles safe sein.

Manchmal beginnt so ein Tag für die Jungs früh morgens um 8 Uhr und endet erst weit nach Mitternacht. Die Arbeitszeiten in der Security-Branche sind selten gewerkschaftsfreundlich. Wenn man einen netten Veranstalter erwischt, dann stellt dieser der Security auch schon mal die Teilnahme an der Verpflegung frei. Logischerweise können dann nicht alle Sicherheitskräfte auf einmal zum Buffet rennen. Das muss dann vom Einsatzleiter koordiniert werden. Der weiß ganz genau, wann wo jemand entbehrlich ist.

All das wird im Optimalfall von einem zentralen Raum aus koordiniert, wo die Einsatzleitung sitzt. Oft kommen dann noch Polizei, Feuerwehr, Sanitätsdienst sowie ein Vertreter der Veranstaltung hinzu, damit in Extremsituationen eine schnelle Kommunikation möglich ist.

Alle Sicherheitskräfte und Mitarbeiter sind über Funk mit dem Einsatzleiter verbunden. Die Kabel der Headsets, die in den Hemdkragen führen, sind mittlerweile ein Symbol für den Bodyguard geworden.

Obwohl jeder Mitarbeiter vor dem Event vom Einsatzleiter in seine Position eingewiesen wird, kann es immer zu Problemen kommen, die dann spontan gelöst werden müssen. Die Anweisungen dafür bekommt mein Team dann über Funk. Der Einsatzleiter entscheidet sofort, welche Maßnahmen ergriffen werden, wenn zum Beispiel Fans zu aufdringlich werden, unerbetene oder stark betrunkene Gäste im Innenbereich entdeckt werden, Verstärkung an der Absperrung zum Pressebereich benötigt wird oder Stars vorzeitig die Veranstaltung verlassen wollen.

Im Oktober 2010 engagierte mich das Männermagazin *GQ,* um ihre Gala »Männer des Jahres 2010« zu sichern.
Den Auftrag bekam ich aus einem witzigen Grund: Ich erzählte dem Auftraggeber, dass ich seine Zeitschrift echt cool finde und dass deshalb meine Fahrzeuge alle ein *GQ*-Kennzeichen tragen. Das fand er natürlich super, und prompt waren wir im Boot.
Schon bei der Vorbereitung, diversen Begehungen und Meetings merkte ich: Die Veranstaltung wird hammer! Hammeranstrengend.
Einerseits musste die Veranstaltungssicherheit laufen. Andererseits war Annie Lennox als Stargast da und wollte extra beschützt werden. Dafür hatte ich den perfekten Mann am Start. Dachte ich. Ein sehr erfahrener Personenschützer mit ausgezeichneten Englischkenntnissen. Er holte die Sängerin also am Flughafen ab, brachte sie zum Hotel, zur Gala, zur Bühne. Die *GQ*-Gala fand in der Komischen Oper in Berlin statt. Es gab einen roten Teppich, um den standen schon früh am Nachmittag die Fans und natürlich Kameras und Journalisten.
Vor der großen Gala gab es ein Briefing für alle Sicherheitsmitarbeiter. Jeder muss seinen Einsatzbereich genau kennen. Im Vorfeld sollte man versuchen, möglichst alle Schwachstellen auszuschalten. Aber hundertprozentige Sicherheit gibt es nicht, es kommt immer was dazwischen. Trotzdem: Je besser die Vorbe-

reitung, desto besser kann man auch auf Unerwartetes reagieren. Und das kommt immer!

Der normale Mensch sieht von so einer Gala maximal den roten Teppich, die Fernsehberichte und die Fotos in den Zeitschriften. Wer in welchem Kleid. Wer mit wem. Wer auf der Bühne.

Hinter den Kulissen herrscht eine große Betriebsamkeit. Hunderte von Leuten wuseln rum. Bauen Theken auf, kleben Teppichränder ab, stellen Absperrungen auf. Und wenn die ersten Gäste kommen, muss alles perfekt sein. Jeder muss wissen, was zu tun ist. Von dem Mann an der Straßensperre bis zum Personenschützer von Annie Lennox. Nach außen soll es harmonisch und eingespielt aussehen. Auch wenn intern sehr oft improvisiert werden muss.

Ich bin etwas nervös. Die Vorbereitungszeit auf dieses Event war kurz. Jetzt geht es los. Michael Schumacher mit Frau, Franziska Knuppe, Matthias Schweighöfer, Wirtschaftsminister Rainer Brüderle – auch »Mann des Jahres« – und viele andere Stars aus Mode, Sport und Fernsehen fahren vor. Bushido, ebenfalls »Mann des Jahres«, bringt gleich ein ganzes Gefolge mit.

Die Veranstaltung war ein großer Erfolg. Vom Auftraggeber bis zum Gast waren alle zufrieden. Auch Annie Lennox fühlte sich über den Abend sehr gut betreut. Mein Sicherheitsmann war an ihr dran bis zum nächsten Morgen, als sie Berlin per Flieger wieder verließ.

Zwei Tage später kam noch ein Auftrag rein: Miley Cyrus wollte genau den Mann haben, der auch Annie Lennox beschützte. Also rief ich den Mann, der als Subunternehmer in meinem Auftrag arbeitete, direkt an und klärte alles mit ihm ab. Auch diesen Job in Hannover bei »Wetten, dass?« erledigte er souverän. Da gab es wirklich nichts auszusetzen.

Dann bekam er auf einmal einen Höhenflug. Er war der Meinung, dass er die Stars auch ohne mich als Auftraggeber betreuen kann und teilte das so dem Management der beiden Künstlerinnen mit. Damit war die Zusammenarbeit für mich beendet. Für das Management war das ein totales No-go. Die standen voll und ganz hinter mir. Den Verräter habe ich seitdem hinter keiner Schutzperson mehr gesehen. Komisch.

DIE ORGANISIERTE KRIMINALITÄT
IN BERLIN

Ich bin Bodyguard, stehe auf roten Teppichen und schütze Prominente. Ich betreue Geschäftsleute, ich bewache Objekte und sichere Veranstaltungen jeglicher Größe. Ich stehe mit meinem Team an Türen und entscheide mit, wer reindarf, wer dazugehört, zur Society. Und wer draußen bleiben muss. Dafür muss ich die Gesichter der stadtbekannten, gewaltbereiten Kriminellen kennen. Das gehört zum Geschäft.

Ich kenne in Berlin die meisten Kriminellen der Unterwelt. Und ich weiß, wie sie ticken. Deshalb studiere ich ihre Mimik und Gestik. Und ich bemühe mich darum, diese Leute kennenzulernen, damit ich sie besser einschätzen kann. Wenn es erforderlich ist, treffe ich mich mit ihnen. Mit den Großen der Familie auf einen Kaffee oder Tee beim Small Talk. Wenn es mit einem Familienmitglied Stress gab, erkläre ich die Situation, warum der Sohn oder der Bruder mal wieder nicht in den Club darf.

Wir treffen uns, aber sie wissen auch, dass ich ein knallharter Gegner im Kampf gegen das Verbrechen bin. Ich lasse es mir nicht bieten, dass sie die Macht übernehmen.

Wie gesagt: Das ist auch mein Wedding. Und ob im Wedding, in Berlin oder in Deutschland: Ich arbeite mit der Polizei, also für Recht und Ordnung auf der Basis des Grundgesetzes und der Menschenrechte.

Der Kampf gegen die Unterwelt, die ich meine, ist in Berlin so gut wie verloren. Das sagt auch die Polizei. Nur nicht laut. Weil der Innensenator und der Polizeipräsident behaupten: »Alles unter Kontrolle!« Die Stadt ist arm, spart an der Polizei und redet nicht gerne darüber.

Die Unterwelt lebt auf Basis von organisierter Kriminalität. Ein Straftatbestand, der vom deutschen Justizministerium und den Innenministern der Länder so definiert wird:

»Organisierte Kriminalität ist die von Gewinn- oder Machtstreben bestimmte planmäßige Begehung von Straftaten, die einzeln oder in ihrer Gesamtheit von erheblicher Bedeutung sind, wenn mehr als zwei Beteiligte auf längere oder unbestimmte Dauer arbeitsteilig

a) unter Verwendung gewerblicher oder geschäftsähnlicher Strukturen,

b) unter Anwendung von Gewalt oder anderer zur Einschüchterung geeigneter Mittel oder

c) unter Einflussnahme auf Politik, Massenmedien, öffentliche Verwaltung, Justiz oder Wirtschaft zusammenwirken.«

Bei »der Unterwelt« habe ich es mit eigentlich nur einer bestimmten Branche der organisierten Kriminalität zu tun. Es handelt sich um die Gastro-Szene, in einem speziellen Sinn: Nachtclubs, Prostitution, Drogen. Und im Hintergrund Immobiliengeschäfte. Bei denen wird vermutlich das schmutzige Geld gewaschen, das durch Kokainschmuggel, Zuhälterei, Menschenhandel und Schutzgelderpressungen »verdient« wird.

Daneben gibt es natürlich noch andere Branchen der organisierten Kriminalität, beispielsweise Wirtschaftskriminalität, Zigarettenschmuggel, Autoschieberei, Subventionsbetrug, Kreditkartenbetrug usw. An diesen Fronten kämpfen hoffentlich andere.

Die organisierte Kriminalität in Berlin besteht aus drei Gruppen: den Hooligans, den Rockern und den kriminellen ausländischen Großfamilien, die ich manchmal »Apachen« nenne. Alle Szenen funktionieren wie die Mafia: Sie halten zusammen; sie dealen Konflikte untereinander aus – ohne Polizei und Justiz; und sie predigen Familien-»Ehre«, schweigen also nach außen hin.

Die Polizei hat viel mit den Rockern zu tun. Aber nicht nur in Berlin, sondern auch in Bremen und anderen Städten. In Berlin gibt es die Hells Angels und die Bandidos. Vor kurzem haben die Mongols auch noch einen Verein in Bremen aufgemacht, sie gelten als besonders aggressiv. Jetzt fürchten alle, dass die auch nach Berlin kommen. Und dass es dann zu noch heftigeren Bandenkriegen kommt.

Den Rockern geht es in der Regel längst nicht mehr ums Motorradfahren oder um die frische Luft um der Nase. Sie nutzen ihre Strukturen für Drogenhandel, Prostitution, Waffenhandel und Schutzgelderpressungen. Manche Mongols in Bremen haben nicht mal ein Motorrad. Als die Polizei mal welche festnahm, stellte sie fest, dass die noch nicht mal einen Motorradführerschein hatten!

Die Rocker haben sehr gute Netzwerke, was mittlerweile auch die Apachen gemerkt haben. So dass viele arabische und türkische Clans jetzt versuchen, sich die Handelswege der Rocker zu eigen zu machen. Das bedeutet, die kriminellen Szenen verbinden sich, sie interagieren zum Teil. Was die Situation natürlich nicht besser macht.

In Berlin gibt es mehrere »arabische Großfamilien«. Das sind meist arabische Landsmänner, die sich zu einer Familie zugehörig fühlen, in der sich die Männer als Brüder, Cousins und Onkel sehen. Die Verbrecher unter ihnen sollte man beim Wort nehmen und als Mafia bezeichnen. Dann wird die Gefahr deutlicher, die von dieser Gruppierung ausgeht.

Erst vor kurzem hat die Jugendrichterin Kirsten Heisig auf diese Situation hingewiesen. Auch die Zeitungen berichten in Berlin fast wöchentlich von den Verbrechen dieser »Mafia«. Und es gab schon vor acht Jahren eine Studie vom Berliner Landeskriminalamt dazu.

Das Problem ist also bekannt, allerdings hat sich kaum was geändert seither. Nur dass die ausländischen Clans noch mächtiger geworden sind und im LKA immer weniger Polizisten mit dem Kampf gegen die Clans hinterherkommen.

Das beste Beispiel ist ein stadtbekannter Krimineller, Nissan C. Er stammt ebenfalls aus einer arabischen Familie, ist der bekannteste Intensivtäter Berlins. Mittlerweile ist er noch dazu ein sehr gerngesehener Gast in einer Rockergang.

Nissan ist schon als Kind aufgefallen, als er ein anderes Kind verprügelte. Dann kamen weitere Körperverletzungen hinzu, Raub und Diebstahl. Als er mit 14 strafmündig wurde, bekam er erste Gefängnisstrafen, auf Bewährung. Er machte weiter.

Ein Polizeibeamter schrieb einen Aufsatz über ihn in einer Polizei-Fachzeitschrift. Dabei wurden 81 Ermittlungsverfahren gegen Nissan aufgelistet, da war er 21 Jahre alt.

Später bildete die Berliner Justiz die Intensivtäterabteilung bei der Staatsanwaltschaft. Als Intensivtäter gilt, wer schon als Jugendlicher durch mehr als zehn Straftaten auffällt, meistens als »kiezorientierter Mehrfachtäter«. Der wird dann von einem Polizisten und einem Staatsanwalt beobachtet, das heißt: Die wissen genau, wer was angestellt hat.

In der Anfangszeit der Intensivtäterabteilung wurden in Berlin rund 200 bis 300 Intensivtäter geführt. Bis Ende 2010 hatte die Polizei dann schon 860 Intensivtäter registriert. Dazu kommen rund 164 sogenannte Schwellentäter, also Täter unter 21 Jahren, die dennoch bereits mindestens fünf Raubtaten begangen haben. Und 392 kiezorientierte Mehrfachtäter. Insgesamt also 1418 Registrierte! Der Anteil der Nichtdeutschen beträgt ca. 35 Prozent und derjenigen mit Migrationshintergrund rund 80 Prozent. Und gut 44 Prozent aller Intensivtäter in Berlin haben einen libanesisch-kurdischen Hintergrund. Obwohl die Libanesen nicht mal ein halbes Prozent der männlichen Heranwachsenden in Berlin ausmachen.

Woher Nissan beziehungsweise seine Familie genau kommt, weiß man nicht. Er selbst bezeichnet sich als staatenlosen Palästinenser. 2004 sollte er abgeschoben werden. Da hatte er bereits – mit Anfang 20 – insgesamt viereinhalb Jahre in Haft gesessen. Er konnte aber nicht abgeschoben werden, weil der Zielstaat Libanon sich weigerte, die nötigen Dokumente zur Verfügung zu stellen. Die wollten ihn auch nicht haben. Wen wundert's?

Zwei Jahre später verprügelte Nissan einen Türsteher und brach ihm dabei das Nasenbein, vor einer Disco, zwei Tage nach seiner Entlassung aus der Haft. Er wurde wieder festgenommen, bekam aber mit Hilfe seines Anwalts Freigang. Ein Gutachter urteilte, dass Nissan kein Hang zu gefährlichen Straftaten nachgewiesen werden könne. Bei rund 80 begangenen Straftaten? Was ist denn das für ein Blödsinn? Also musste er sich nur regelmäßig bei der Polizei melden und kam nicht wieder in den Knast. Dieser Pflicht kam er im Februar 2007 auch nach. Als die Polizei ihn jedoch aufgrund mehrerer bekannter Vorfälle nicht wieder gehen lassen wollte, wehrte er sich gegen eine Festnahme, verletzte einen Polizisten und floh.

Dann wurde er im März 2007 von einem Spezialkommando gestellt, am Potsdamer Platz. Er wollte fliehen und fuhr mit seinem Auto drei Menschen an, eine Frau kam ins Krankenhaus. Ein Jahr später wurde er zu drei Jahren und drei Monaten verurteilt. Da füllte sein Strafregister 29 Seiten. Weil er im Knast Gefängnisangestellte angegriffen hatte, bekam er noch mal vier Monate Haftverlängerung. Am 19. Oktober 2010 durfte er die JVA Tegel verlassen.

Doch nun kommt es noch schlimmer. Jetzt zieht er mit einer Rockerbande durch die Straßen. Mit dieser Macht, die so ganz offiziell nach außen gezeigt wird, potenziert sich sein kriminelles Dasein doch erst recht. In den Zeitungen konnte man lesen: Keine vier Wochen nach Nissans Haftentlassung habe es eine üble Schießerei in Neukölln gegeben. Mit Nissan und Mitgliedern mehrerer arabischer Clans. 18 Schüsse fielen, unter anderem wurde der 19-jährige Bruder von Nissan

ins Krankenhaus gebracht. Die Zeitungen sprachen von »Schusswechsel« und »Bandenkriminalität«.
In den Kreisen, die ich kenne, geht die Geschichte so: Nissan wollte vor einigen Jahren in einen Club rein. An der Tür stand eine arabische Großfamilie. Die haben ihn nicht reingelassen. Also beleidigte er sie. Auf die übliche Tour: »Fick dich«, »Ich fick deine Mutter«, »Ich fick deine ganze Familie«. Daraufhin haben sie ihn fast totgeschlagen, so dass der Notarzt ihn wiederbeleben musste. Im Krankenhaus wurde er wieder zusammengeflickt. Geändert hat das an seiner Art nichts. Er war dann mal wieder im Knast.
Als er rauskam, haben ihn die Hells Angels Berlin City abgeholt. Jetzt hatte die Familie, die ihn am Matrix-Club halb totgeschlagen hatte, die Befürchtung, er könnte Rache nehmen. Mit den Hells Angels im Rücken. Weil die Justiz Nissan wieder der Öffentlichkeit ausgesetzt hat und der Polizei »die Hände gebunden sind«, übten sie Selbstjustiz. Sie schossen mehrfach auf ihn, um zu zeigen: Nächstes Mal bist du tot. Allerdings hatte er nur einen Streifschuss. Wahrscheinlich fühlt er sich jetzt erst recht unbesiegbar!
Das ist kein Einzelschicksal. Nur ein Beispiel dafür, was in und zwischen den einzelnen Szenen der Unterwelt so abgeht. Leider ist so was mittlerweile zur Normalität in Berlin geworden.

Die Rocker haben kriminelle Strukturen und Organisationen, die über Jahre und Jahrzehnte gewachsen sind. Und die werden jetzt auch von in Deutschland lebenden Türken und türkischen Deutschen, arabischen Deutschen und in Deutschland lebenden arabischen Staatenlosen genutzt. Da vermischen sich also verschiedene Gruppierungen. Mit der Folge, dass Netzwerke entstehen, die total außer Kontrolle geraten.

Man fragt sich natürlich, wie die Rocker und insbesondere die Clans überhaupt so mächtig werden konnten. In Berlin gibt es ungefähr sieben ausländische Großfamilien mit deutlich kriminellen Strukturen. Manche ihrer Mitglieder leben auch in Niedersachsen, Bremen oder Nordrhein-Westfalen. Mindestens zwei der Familien sind bereits in der zweiten Generation durchgehend polizeilich erfasst. Die meisten von ihnen sind Flüchtlinge aus dem Libanon. Sie sind aufgrund von bestimmten politischen, historischen und sozialen Umständen zu dieser Macht gekommen.

Unter den Libanon-Flüchtlingen gibt es drei Gruppen: Libanesen, Palästinenser und Mhallami-Kurden. Sie haben verschiedene Dokumente. Bei den libanesischen Palästinensern und den Mhallami-Kurden steht unter Nationalität in der Regel: »ungeklärt« oder »staatenlos«, weil sie bei ihrer Ankunft in Deutschland keinerlei Papiere vorweisen konnten.

In Deutschland leben etwa 200 000 Menschen aus dem Libanon. Fast alle haben einmal Asyl beantragt. Sie kamen aus einem Land, in dem 15 Jahre Bürgerkrieg herrschte, von 1975 bis 1990. Sie kamen also nicht als Gastarbeiter, das heißt, sie durften nicht arbeiten und mussten von Sozialhilfe leben.

Diejenigen Libanesen, die nach Deutschland kamen, waren schon im Libanon relativ arm gewesen. Viele reisten über Ostberlin nach Deutschland ein. Nach Frankreich sind sehr viel mehr reiche Libanesen gegan-

195

gen, dort haben sie heute einen viel positiveren Ruf als bei uns.

Die Palästinenser und Mhallami-Kurden waren schon im Libanon nicht als Staatsbürger anerkannt worden, weswegen sie dort teilweise in Flüchtlingslagern gelebt hatten. Die Mhallami-Kurden sprechen einen arabischen Dialekt. Nicht Kurmançi, also Kurdisch, oder Türkisch. Man weiß nicht genau, woher sie stammen. Weder die Kurden noch die Türkei wollten sie integrieren. Der Libanon dann auch nicht. Wie die Palästinenser bekamen sie dort Arbeitsverbote und hatten keinen Anspruch auf staatliche Fürsorge, auf das Gesundheitswesen, auf schulische Bildung.

Libanon-Flüchtlinge konnten nicht von Deutschland in den Libanon abgeschoben werden. Teilweise hatten sie ihre Dokumente selbst vernichtet. Viele hatten gar keine. Und der Libanon weigerte sich, welche auszustellen. Deswegen behaupten auch viele andere Migranten – beispielsweise aus der Türkei –, sie seien Palästinenser oder Mhallami-Kurden aus dem Libanon. Weil sie wissen, sie können dann nicht abgeschoben werden.

Manchmal gehen die Pässe auf dem Flug nach Deutschland hops. In letzter Zeit besonders bei Jungen unter 14. Die werden von einigen Clans nach Deutschland geschleust und auch in Berlin als Drogenkuriere eingesetzt. Weil Kinder unter 14 – und dann noch ohne geklärte Identität – nicht juristisch belangt werden können. Das ist Menschenhandel. Der Menschenhandel, der im Strafregister einiger Apachen auftaucht.

In Deutschland galten die Libanon-Flüchtlinge als »Scheinasylanten« und »Wirtschaftsflüchtlinge«. Man

machte ihnen das Leben schwer, im Glauben, das würde sie abschrecken. In den 80er Jahren mussten sie in
Sammelunterkünften leben, durften nicht arbeiten, keine Ausbildung und kein Studium machen, und sogar
die Schulpflicht wurde aufgehoben.

Die Arbeitslosenquote liegt bei den libanesisch-kurdischen Migranten heute noch bei 90 Prozent. 86 Prozent
haben keinen Schulabschluss. Es entstand eine Generation von Analphabeten.

Und eine Entwicklung, die wir heute als »Scheitern der
Integration« bezeichnen. Wenn man in einem Land
nicht erwünscht ist, bleibt man unter seinesgleichen
und baut sich eine eigene Welt auf. Dann hält man sich
nicht an irgendeinen Staat, sondern an die Familie oder
den Clan. Die Familie ist das Zuhause, wo immer man
hinkommt: in der Türkei, im Libanon, in Deutschland.
Ohne Bildung einen guten Lebensstandard und gesell-
schaftlichen Status zu erlangen ist legal kaum möglich,
also wurden illegale Methoden entwickelt. So entsteht
Kriminalität. Und wenn sie von mehreren Mitgliedern
einer Gruppe organisiert wird, organisierte Kriminalität. Wenn die dann noch vom Vater auf den Sohn und
vom Onkel auf den Cousin weitergegeben wird, entsteht eine Tradition von Kriminalität. Die Strukturen
werden wie ein Erbe weitergereicht. Von der einen Generation zur nächsten, von einem Ort zum anderen.
Man baut ein Netzwerk auf. Das hält besonders gut,
wenn die Mitglieder Verwandte sind. V-Männer lassen
sich da nicht einschleusen, schließlich kennt ja jeder
seine Verwandten.

Das Netz wächst und verzweigt sich schnell, wenn es
viele Kinder gibt, acht oder mehr pro Ehepaar. Und

weil auf die Familie mehr Verlass ist als auf Freunde oder Kollegen, verheiratet man die Kinder möglichst innerhalb der Sippen. Manche Verwandte sind weitergezogen nach Holland und Skandinavien. Daraus entstanden internationale Handelsbeziehungen, die man hervorragend für den Drogenhandel nutzen kann.

Der uralte Wertekodex unter den Männern gilt dabei grenzübergreifend: Ehre und Rache. Wer nicht mitmacht, wird mit dem sozialen oder dem echten Tod bedroht. Welche Rolle Frauen in diesen archaischen Machtstrukturen spielen, ist bekannt: keine. Oder eine untergeordnete, dienende.

Wenn man nicht gewollt wird in einem Land und nicht als gleichwertiger Bürger behandelt wird, dann macht man auch dicht. Baut eine eigene Welt. Parallelwelten mit eigenen Regeln und Gesetzen! Und denkt: Warum sollte ich dieses Land mit seinen Regeln respektieren? Oder sogar: Ich nutze das jetzt aus! Bis hin zu: Denen werde ich es zeigen!

MEINE ZUKUNFTSVISION:
EINE SICHERE HAUPTSTADT

Ich habe es schon mal gesagt, aber man muss es laut
sagen: Der Kampf mit der Unterwelt ist in Berlin so
gut wie verloren. Wir müssen etwas tun. Es brennt!
Ich bin seit 1982 in dem Geschäft, seit knapp 30 Jahren.
Es hat sich sehr verändert. Als ich anfing, war die Tür-
steher-Szene beherrscht von Deutschen. Dann kamen
immer mehr arabische Clans. Die fühlen sich mittlerweile als Platzhirsche in ganz Berlin.
Die kriminelle Szene mit ihren arabischen Großfamilien bekommt zu wenig Druck. Sie werden immer
mächtiger, weil zu wenig Gegenwehr kommt. Sie sehen, dass die Polizei überlastet ist. Die Polizei ist überfordert und bräuchte viel mehr Leute, auf der Straße
und in der Ermittlung. Man kann es nicht oft genug
wiederholen!
Ich möchte etwas verändern. Und das geht nur, wenn
man wenigstens erst mal das Bewusstsein schafft für
diese Missstände. Die Polizisten können öffentlich
nichts dazu sagen, sie sind Beamte. Wenn sie in ihrer
Laufbahn weiterkommen wollen, müssen sie die Füße
stillhalten und die Klappe halten – sonst ist es aus mit
der Polizeikarriere.

Die Polizei ist so unterbesetzt in Berlin, dass sie nicht weiß, wo in der Verbrechensbekämpfung sie eigentlich zuerst anfangen soll. Und dadurch, dass zu wenige aktiv sind, ist das Einschreiten extrem gefährlich geworden.

Man muss den Kopf schütteln über die Aussagen der Politiker. Da behaupten der Innensenator und der Polizeipräsident von Berlin, dass – nachdem sie ca. 5000 Stellen wegrationalisiert haben – 16 000 Polizisten ausreichen, um Berlin sicher zu machen. Das ist ein Witz! Das reicht hinten und vorne nicht. Mit dieser geringen Anzahl von Polizisten kann die Polizei gar nicht mehr effektiv die organisierte Kriminalität bekämpfen, sondern nur noch verwalten. Erst recht nicht, wenn man den Krankheitsstand und die Einsatzfähigkeit im Außendienst noch berücksichtigt: Durchschnittlich fallen zehn bis 15 Prozent der Polizisten aufgrund von Krankheit aus. Und der Anteil der »verwendungsbeschränkten Beamten« nimmt stetig zu. Dass die anderen mittlerweile noch nicht völlig deprimiert sind und aufgegeben haben, gegen die Verbrecher der Unterwelt anzukommen, grenzt an ein Wunder.

Wenn wir Anfang der Achtziger ein Problem hatten, dann höchstens mit Betrunkenen oder mit Rockern. Wenn wir die Polizei gerufen haben, hatten die Leute Respekt. Da wurde strammgestanden, aus Angst, die könnten dich in die Wanne packen.

Das gibt es nicht mehr. Heute haben die keinen Respekt mehr. Heute werden die Polizisten angegriffen. Wenn sie unterbesetzt kommen, sind sie wie lebende Sandsäcke. Da wird draufgehauen. Das sind auch nur

Menschen, und in Unterzahl haben sie verständlicherweise Angst.

Die Gewaltbereitschaft ist deutlich gestiegen. Und die Gewalttäter heute sind viel brutaler. Die Clans haben Waffen und nutzen die auch. Insgesamt betrachtet gibt es pro Monat in der Bundesrepublik rund 300 Angriffe auf Polizisten. Das ist doch Wahnsinn!

Erst kürzlich dachte ich beim Lesen einer bekannten und renommierten Berliner Tageszeitung, unsere Herren Innensenator und Polizeipräsident leben fernab von jeder Realität! Sie gaben bekannt, dass »die Wahrnehmung der Öffentlichkeit über die Entwicklung der Kriminalität in Berlin falsch« ist und dass es »keinen Grund für Besorgnis« gäbe. Das ist völlig unverständlich. Die Herren, welche hier offensichtlich versuchen, die aktuelle polizeiliche Kriminalstatistik von 2010 schönzureden, sollten sich eventuell einmal aus ihren gemütlichen Bürosesseln erheben und ein zweimonatiges Praktikum auf den Straßen Berlins machen. Da wäre der Bezug zur Realität schnell wiederhergestellt.

Aber offensichtlich gibt es von offizieller Seite keinerlei Bestrebungen, etwas gegen die derzeitige Situation zu tun.

Aber, ehrlich gesagt: Einfache Rezepte gibt es auch nicht. Zum einen müsste man natürlich bei der Polizei das Personal aufstocken, was Geld kostet. Darüber hinaus sollten Sonderdezernate eingerichtet werden, die sich speziell auf die arabischen Clans konzentrieren können. Die müssten besser vernetzt sein mit den Schulen, den Jugendämtern, den Arbeitsämtern und der Justiz. Und auch mit den Banken. Man muss den

Clans das Geld wegnehmen können, das sie durch Verbrechen erlangt haben.

Intensivtäter wie Nissan müssen früher gestoppt und in Resozialisierungsheime gebracht werden. Diese Heime müssen nach außen hin dicht sein. Dort könnten Jugendliche dann lernen, wie man legal lebt. Bei einem wie Nissan hat die Justiz versagt. Der Typ ist irre. Der Staat müsste da irgendwas machen können. Es kann doch nicht sein, dass die Clans und die Rocker die Sache in die Hand nehmen und ihn in seine Schranken weisen. So wie manche Sicherheitsfirmen oder Kunden sie auch nutzen, um sich zu »schützen«. So werden die Verbrecherbanden zu Hütern – aber nicht des Gesetzes. Und bekommen noch mehr Macht. Das ist ja wie im Wilden Westen und nicht wie in einem demokratischen Rechtsstaat.

Abschiebung bringt jetzt nichts mehr. Der Libanon müsste schon in die Pflicht genommen werden und für seine Bewohner und Bürger einstehen. Er lehnt aber die Rückführung vieler Schwerverbrecher libanesischer Herkunft aus Deutschland ab. Paradoxerweise flüchten die in der Regel in ihr Herkunftsland und tauchen dann in Beirut oder Baalbek ab, wenn sie hier gesucht werden. Die Jungen sind aber mittlerweile meistens Deutsche. Und für Deutsche gelten deutsche Gesetze.

Oft werden neue Gesetze gefordert. Das ist zum Teil nicht richtig, wir haben eigentlich ausreichende Gesetze. Man muss einfach härter urteilen. Die Justiz urteilt viel zu lasch! Ich finde es nicht richtig, dass jemand erst mit zehn Straftaten als Intensivstraftäter eingestuft wird. Das müsste schon bei drei Straftaten geschehen.

Und er muss ab der vierten Straftat die Höchststrafe bekommen.

Wenn die Leute verhaftet werden und vor Gericht sitzen, leisten sie sich oft die teuersten Anwälte wie zum Beispiel im Poker-Prozess. Das sind clevere Verteidiger – sie kennen alle Winkel und Tricks der Strafprozessordnung und nutzen sie dementsprechend. So verschaffen sie oftmals ihren Mandanten einen Freispruch. Die tun alles dafür, dass die Urteile schmal ausfallen.

Und dann sollte man mal darüber nachdenken, wovon denn bitte ein Verbrecher, der offiziell kein Einkommen hat und Sozialhilfe vom Staat empfängt, diese teuren Anwälte bezahlt? Umsonst werden es die Anwälte sicherlich nicht machen.

Dass das die Polizisten auch nicht grade motiviert, kann man verstehen. Da rackern sie sich ab, dass sie genügend Beweise für die Schuld der Verbrecher liefern. Und am Ende leisten sich die von ihrem illegalen Geld die besten Anwälte und kommen frei. Irgendwie müssten die Staatsanwälte oder wer auch immer da mal genauer hinschauen.

Aber komischerweise sind die Polizeibeamten die Letzten, die irgendwelche Unterstützung kriegen. Im Gegenteil. Aus meiner Sicht war auch die Einführung von Namensschildern 2010 aus meiner Sicht totaler Quatsch. Viele Polizisten wollen bei gefährlichen Einsätzen ihre Anonymität behalten. Und von Verbrechern nicht mit ihrem Namen angesprochen werden. Genauso wie im privaten Sicherheitsbereich gibt es ja Dienstnummern, welche eine einwandfreie Zuordnung der Identität ermöglichen. Warum also Namensschilder?

Natürlich poltert die Polizeigewerkschaft hier und da ein bisschen rum. Aber dann behaupten der Innensenator und der Polizeipräsident stets das Gegenteil, nämlich dass alles bestens sei und man alles unter Kontrolle habe.

Nichts ist unter Kontrolle. Es ist total aus dem Ruder. Ich meine, die Justiz, die Polizei und die demokratische Gesellschaft müssen gegenüber dieser Unterwelt wieder die Oberhand gewinnen.

Aber wie? Nun bin ich nicht Mister Allwissend und habe nicht die ultimative Antwort parat. Aber einiges fällt mir schon noch ein, wie man die Situation verbessern könnte.

Null Toleranz! Nicht mehr weich bestrafen, sondern knallhart: Höchststrafe. Die müssen merken, hier weht ein neuer Wind für Serienstraftäter. Wenn ich viermal auffällig war, muss ich die volle Packung kriegen. Und das Erwachsenenstrafrecht muss konsequent ab 18 Jahren durchgesetzt werden.

Mehr Polizei! Das kostet anfangs mehr Geld, ist aber notwendig. Eine Investition, die sich erst nach Jahren auszahlt.

Polizei auf die Straße! Gefährliche Orte, die als solche bekannt sind, müssen durch Polizeipräsenz beobachtet werden. Vor den einschlägigen Clubs müssen Polizisten stehen und zeigen: Wir beobachten euch. Dadurch gäbe es nicht mehr so viele Schlägereien und Körperverletzungen. Es gibt ja Viertel in der Stadt, da kann man als normaler Mensch nicht mehr durch. Das Rollbergviertel in Neukölln zum Beispiel oder der Schillerkiez in Nord-Neukölln. Das darf nicht sein. Da muss

Polizei hin. Und Leute, die der Polizei – und der halben Stadt – bekannt sind als gefährliche Kriminelle, die müssen einen »Stalker« kriegen von der Polizei. Das gibt es nicht, ich fände das aber gut. Die sollen den auffällig und bekannt gewordenen Verbrecher stalken, damit er sieht, er steht unter Beobachtung.

Und dann kassieren diese Familien oft noch finanzielle Unterstützung vom Staat: Da gibt es manchmal sechs, acht, zehn Kinder in der Familie – da kommt neben Hartz IV eine ordentliche Summe Kindergeld zusammen, von dem sie für ihre Verhältnisse nicht schlecht leben. Das ist ja auch okay. Aber dafür müssen sie ihre Kinder aus der Isolation lassen.

Deshalb müssen auch Schulen, Arbeitsämter, Sozialämter, Jugendämter und die Justiz viel besser zusammenarbeiten. Wenn ein Kind nicht in die Schule kommt, dann müssen alle etwas dafür tun, dass die Eltern es schicken. Den Eltern muss gedroht werden: Wenn sie keine deutsche Staatsangehörigkeit haben und nicht einsehen wollen, dass sie dafür verantwortlich sind, dass ihre Kinder in die Schule gehen, dann müssen sie abgeschoben werden. Wenn das nicht geht, muss ihnen die Sozialhilfe gekürzt werden. Das geht, wird aber fast nie gemacht.

Die Kinder krimineller Familien müssen in die Schule, in die Kita, in die Ganztagsschule! Nicht nur vormittags, um lesen und schreiben zu lernen. Sie müssen vom Staat mehr lernen als das, was sie in ihren kriminellen, isolierten Familien lernen. Nämlich: ein anständiges Leben in der Legalität, Demokratie und einen Beruf.

Denen muss klar sein, dass das in diesem Land Gesetz und Regel ist: Schulpflicht und die Pflicht der Eltern, ihrem Kind eine Bildung und eine Ausbildung zukommen zu lassen. In den einschlägigen Familien ist das oft nichts wert. In manchen Gegenden klagen Lehrer und Erzieher darüber, dass Jungs zu ihnen kommen, die sich nicht mal selbständig anziehen können. Die werden von ihren Müttern verwöhnt – und werden, wie ihre Brüder oder sogar Väter, später eine kriminelle Karriere einschlagen. Die sehen in Bildung und Beruf oftmals gar keine Perspektive, das ist keine Option für sie. Weil sie es selbst nicht bekommen haben. Und wissen, dass sie mit Drogen, Rotlicht und Schutzgeld sowieso viel mehr verdienen.

Außerdem muss das Jugendstrafrecht von 14 auf zwölf Jahre verringert werden! Damit die kriminalisierten Kinder nicht mehr straflos durchgehen und ausgenutzt werden können. Es kann nicht sein, dass 13-Jährige als Drogenkuriere losgeschickt werden, weil sie nicht straffähig sind.

Meiner Meinung nach müsste man nicht nur konsequenter, sondern auch viel schneller urteilen! Zwischen der Tat und dem Urteil vergeht viel zu viel Zeit. Da kapieren die Leute den Zusammenhang oft nicht mehr und verlieren den Respekt vor dem Gericht. Das hat auch schon Kirsten Heisig gesagt, da hatte sie wirklich recht.

Im Grunde genommen würden solche Maßnahmen ja nicht nur bewirken, dass Straftaten ordentlich geahndet werden. Nein, wenn man auf allen Ebenen besser zusammenarbeiten würde, hätte das auch was Gutes für die Jugend, die da heranwächst. Es ist in manchen Teilen der Gesellschaft eine menschliche Verwahrlosung entstanden. Durch Kriminalität und Drogen und

Perspektivlosigkeit. Das muss ich nicht ausführlich betonen. Das sieht man an den Augen und den Taten der Herrschaften, die da im Gericht im Glaskasten und in der ersten Reihe sitzen. Das ist nicht schön. Das ist frustrierend. Vor allem, wenn man sich bemüht, eine Ordnung aufrechtzuerhalten.

Obwohl, in meinem Beruf sollte man der Logik nach eigentlich dankbar sein, dass es kriminelle Machenschaften gibt. Nur, wenn etwas nicht sicher ist, braucht man Leute, die einen schützen. Uns. Und doch mache ich mir meine Gedanken. Über Moral, Anstand. Über die Gesellschaft.

Ich bin aufgewachsen mit Ausländern. Ich hatte sie vor den Fäusten, im Ring, beim Sparring, auf der Straße. Es wäre zu einfach, sie alle zu verteufeln, schließlich sind ja auch viele von ihnen meine Freunde. Wir wollen keine NPD an der Macht haben. Aber wir müssen es benennen, wenn etwas klemmt.

Wenn Angehörige einiger arabischer Großfamilien in den teuersten Autos durch die Stadt cruisen, aber offiziell arbeitslos sind, Kindergelder und Hartz IV beziehen und uns auslachen. Wenn sie ihre Kinder nicht in die Schule schicken, weil du als Türke oder Araber nicht die deutsche Sprache beherrschen musst, um hier leben zu können. Weil es Parallelgesellschaften gibt mit türkischen Tageszeitungen, Geschäften und dem Heimatsender per Satellit. Mit Jugendgangs, die die Deutschen als Kartoffeln bezeichnen, die man abstechen muss, um die Mutprobe für die Aufnahme in die Bande zu bestehen. Wenn die Jugendämter überlastet sind und nicht mehr nachkommen trotz allen Engagements, die kleinen Kinder in die Schulen zu bringen. Wenn sie angespuckt werden. Wenn die Großfamilien mächtiger sind als die Behörden. Wenn die Seelen der Kinder in den Schulen zerstört werden durch die Angst vor der täglichen Qual durch die Gangs.

Ich bin kein Moralist, ich bin Realist. Ich weiß, was auf der Straße passiert, und ich weiß, was die wenigsten wissen. Ich weiß, dass ich anecken werde. Aber was soll's, ich bin Kickboxer.

EPILOG

Die Flügeltüren zum Saal 500 sind noch geschlossen, es ist kurz vor neun Uhr morgens. Heute stehen keine Justizvollzugsbeamten vor dem Besuchereingang, noch nicht. Es gibt keine Bank und wenig Platz auf dem Treppenabsatz im zweiten Stock.

Viel zu wenig Platz für diese Männer. Große, schwere Kerle in Anzügen und Lederjacken, trainierte Muskeln, gespannte Kiefer. Mitarbeiter von Kuhr Security.

Vor der Tür, eine Stufe höher: große, schwere Kerle in Jogginghosen und Lederjacken, breite Nacken, Gel in den Haaren. Sie sprechen arabisch miteinander. Mitglieder und Freunde der Familie J. Einige von ihnen stehen auch unten an der Treppe. Kuhr Security umzingelt?

Ein junges Mädchen, Jeans und Locken, hört ihnen aufmerksam zu und tuschelt mit ihrer Freundin, mal deutsch, mal arabisch. Ein alter Mann in abgewetztem Anzug, Rentner vielleicht, beobachtet die Szene, er steht einen halben Treppenabsatz tiefer.

Die an der Wand lehnenden Männer von der Kuhr-Front fixieren die Arabisch sprechenden Männer. Die wenden ihnen die Rücken zu.

Noch immer kein Justizbeamter. Zwei Stockwerke tiefer, am Einlass, kontrollieren acht Uniformierte:

Personalausweise, keine Waffen, Schlüssel zu teuren Autos.

Nacheinander kommen zwei alte Frauen in langen Mänteln und Kopftüchern die steinerne Treppe hochgelaufen. Die eine war auch am letzten Prozesstag da, es könnte die Mutter J. sein. Die Arabisch sprechenden Männer treten zur Seite, um sie in ihren Kreis aufzunehmen.

Die an der Wand bewegen sich nicht.

Einer der Männer mit den Jogginghosen, ca. 1,80 Meter groß und stämmig, sagt auf Deutsch zu denen an der Wand: »Mach mal Platz!«

Die Männer an der Wand rühren sich nicht, Hände hinterm Rücken verschränkt, breitbeinig.

Der Stämmige tritt aus dem Kreis, an die Kante der Stufe, Kinn nach vorne gereckt. »Mach Platz, das sind Frauen, Mann!«

In die Gruppe der Männer an der Wand kommt Bewegung. Sie drängeln aneinander. Nur einer – auch er ein Schrank von Mann – bleibt ungerührt. Kein Platz für ihn, beiseitezurücken. Zu viele Leute, zu wenig Platz.

Der stämmige Mann mit Befehlston fühlt sich angegriffen, springt sofort darauf an und macht einen Schritt auf den an der Wand zu. Die Mädchen hüpfen auf und die Treppe ein paar Stufen hinunter, in Sicherheit.

»Was willst du? Willst mich provozieren?«

Der an der Wand blickt immer noch geradeaus und sagt mit abschätzigem Ton: »Geht's vielleicht auch etwas freundlicher? Ich bin nicht dein kleiner Junge!«

Der Stämmige droht zu explodieren. Seine Leute halten ihn fest. Er zischt: »Arschloch, fick dich!« Ein Wort gibt das andere: »Kannst meinen Schwanz lutschen, Alter!«

Durch die ganze arabische Gruppe auf dem Absatz geht ein Ruck. Die Mädchen springen noch einen Treppenabsatz tiefer. Die beiden älteren Frauen versuchen, die Männer zurückzuhalten.

In dem Moment kommen vier Uniformierte die Treppe hochgerannt, ihre Springerstiefel knallen auf den Steinstufen. Breite Kerle mit Schusswesten und Schlagstöcken. Drei weitere kommen die Treppe von oben herunter. Perfektes Sandwich: Polizei – J.-Clan – Kuhr Security – J.-Clan – Polizei. Die Uniformierten treiben die Parteien auseinander. Gut, dass sie gleich da waren. Sonst hätte es bestimmt geknallt.
Nun bleibt es still. Still, aber nicht ruhig. Die Luft vibriert von Aggression. Bis die Türen zu Saal 500 sich öffnen und die Besucher ihre gewohnten Plätze einnehmen.

Michael Kuhr ist zum zweiten Mal als Zeuge geladen. Er erscheint diesmal in Begleitung seines Rechtsberaters Dr. h. c. Michael Bärlein. Der setzt sich ihm zur Seite und rät, ob und wie er auf Fragen der Verteidiger antworten kann. Die wollen von Kuhr noch mal ganz genau wissen, wie sein Unfall passierte und was ihm sein Mitarbeiter gesagt habe. Der Mitarbeiter, den die Polizei in Verdacht hatte, eventuell Tippgeber zu sein für den Pokerraub. Er hatte vier Stunden vor dem Überfall für nicht mal 30 Sekunden mit dem Beschuldigten, Amir, telefoniert.
Kuhr glaubt, dass die Seite des Angeklagten versucht, Nebenkriegsschauplätze zu schaffen, um von sich abzulenken. Und Kuhr Security zu verdächtigen, aus Rache. Deswegen will er eindeutig und klar Position be-

ziehen: für die Polizei, gegen die Unterwelt. Es geht um seinen guten Ruf. Aber auch um seine Ehre. Er hängt sich dafür weit aus dem Fenster. Vor ihm hat noch keiner gegen die Familie J. ausgesagt. Die Unterwelt belastet sich nicht gegenseitig. Schon gar nicht die Familie. Oft nicht mal die Opfer. Aus Angst.

Die Verteidiger der Angeklagten fragen immer wieder das Gleiche. Wie, wann, wo ereignete sich der Unfall? Wie, wann, wie oft und warum hat er die Polizei während seiner Ermittlungen kontaktiert? Namen der Polizisten? Sie befragen ihn zwei Stunden. Wer ist hier eigentlich angeklagt, fragt man sich. Er schlägt sich gut. Souverän und in sich schlüssig beantwortet er die Fragen. Hier und da greift sein Rechtsberater ein.

Einmal sieht der Zeuge sich um. Er blickt erst den Angeklagten zu seiner Rechten, dann den zu seiner Linken an. Anschließend wendet er sich zum Richter und sagt: »Sehr geehrter Herr Richter, soll ich vielleicht mit einem der Angeklagten die Plätze tauschen? So wie ich hier von diesen Hollywood-Anwälten verhört werde, muss man ja denken, ICH säße auf der Anklagebank.« Daraufhin springt der graubärtige Verteidiger auf und verlangt vom Zeugen, dass er das wiederhole: »Wie haben Sie uns betitelt?«

Große Aufregung. Seitens des Publikums ertönt lautes Gelächter. Um wieder Ruhe in den Saal zu bekommen, ermahnt der Richter den Zeugen zu einer gemäßigteren Ausdrucksweise und ordnet eine Stunde Pause an.

Beim Hinausgehen bleibt der Zeuge Kuhr vor dem Glaskäfig des Angeklagten Amir stehen und will ihm etwas sagen. Justizvollzugsbeamte verhindern das. Es sei ihm nicht gestattet.

212

Auf der Pressebank sitzen heute nicht fünf Gerichts-beobachterinnen, sondern eine. Noch interessanter als das, was vor Gericht geschieht, ist – nicht nur heute –, was außerhalb verhandelt wird. Im Saal, in der letzten Reihe, haben sich acht Vollzugsbeamte positioniert. Auf dem Weg die Treppen hinunter und hinaus werden die männlichen Besucher von einem amtlichen Aufgebot es-kortiert. Vor dem Gericht stehen etliche Polizeiwagen.

Gegenüber, auf der anderen Straßenseite, befindet sich ein Café. Einige Minuten nach Bekanntgabe der Ge-richtspause stehen da an der Theke: Michael Kuhr mit seinem Rechtsberater und seinen Mitarbeitern. Sie spre-chen miteinander, auf Deutsch. Einer telefoniert auf Arabisch, ein anderer auf Serbokroatisch.
Die Arabisch sprechenden Männer sind auf der anderen Straßenseite stehen geblieben und blicken zum Café hinüber. Auf dem Grünstreifen in der Mitte der Straße stehen Uniformierte. Wie bei einem Fußballspiel, bei dem die Fans der gegnerischen Mannschaften vonein-ander ferngehalten werden müssen.
Kurz vor einer Schlacht. Mann gegen Mann. Muskel gegen Muskel, Bande gegen Bande. Die Guten gegen die Bösen.
Könnte Testosteron schweben, die Luft wäre schwer da-von.
Als Unbeteiligter könnte man denken: Was wird hier aufgeführt? Ist diese hohe Polizeipräsenz nicht etwas übertrieben?
Doch es geht hier tatsächlich um etwas. Um Macht, um viel Geld und letztendlich darum, wer in dieser Stadt und in dieser Demokratie regiert: Das Recht oder die Gewalt?

Jetzt kommt einer der Arabisch sprechenden Männer über die Straße gelaufen. Die Beamten beobachten ihn. Er betritt das Café, geht zu Kuhr und flüstert ihm etwas ins Ohr. Der schüttelt den Kopf und sagt: »Ich rede nur mit deinem Boss.«

Der Mann läuft zurück, gibt Bericht, und man sieht seine Leute lachen. Dann setzt sich das Oberhaupt der Gruppe in Bewegung. Es ist Hakim.

Er hatte auf dem Absatz vor dem Saal am Morgen seinen Bruder Hasan aufgehalten, um eine Eskalation der Situation zu verhindern.

Kuhr verlässt das Café, und man sieht ihn mit Hakim reden. Als er zurückkommt, lacht er und sagt: »Wollte nicht auf einen Kaffee eingeladen werden.« Hakim wollte wissen, was Kuhr seinem Bruder Amir im Gerichtssaal 500 sagen wollte. Kuhr wollte Amir raten, eine Aussage zu machen. So könnte er seine Haftzeit verringern. Für bewaffneten Raubüberfall gibt es mindestens fünf Jahre. Aber so ist davon auszugehen, dass er mehr bekommen wird, im Fall eines Schuldspruches.

Dann geht der Prozess weiter, und der Richter entlässt den Zeugen Michael Kuhr nach wenigen Minuten.

Da die schon verurteilten Pokerräuber in diesem Fortsetzungsprozess keine Zeugenaussage machen wollen und lieber sechs Monate Beugehaft in Kauf nehmen, damit sie wieder als schweigende Mitglieder in ihren Familien aufgenommen werden, geht der Prozess noch monatelang weiter. Nun ist es die Aufgabe des Gerichtes, im Oktober 2011 ein Urteil zu sprechen. Wenn sie verurteilt werden und nach fünf bis acht Jahren aus dem Gefängnis kommen, werden sie von den Familien empfangen werden. Und weitermachen wie zuvor: als einer der berüchtigtsten Clans Berlins, angebliche Herrscher der Unterwelt. Aber zunehmend auch der Society. Auf Galas, im Kino und bei Preisverleihungen: Arm in Arm mit den Stützen der Gesellschaft.

DANK

Als Erstes danke ich meinen Eltern, die mich ganz offensichtlich erfolgreich großgezogen haben. Auf meine Mama bin ich besonders stolz, dass sie auch noch im hohen Alter von vielen Migranten sexuell begehrt wird. »Ich ficke deine Mutter!«, kriege ich ständig zu hören. Welche Mama kann das mit 75 Jahren schon von sich behaupten?

Meiner einzigartigen Exfrau und heute besten Freundin Tina, auch Mutter meiner geliebten Tochter Angelina, danke ich für ihre Geduld und ihre Liebe zu mir. Ohne sie hätte ich es niemals so weit in meinem Leben gebracht. Sie hat mit mir 30 Jahre lang sämtliche Höhen und Tiefen erlebt.

Meiner Traumfrau Diana danke ich für ihre große Liebe zu mir und ihren unermüdlichen Einsatz in meiner Firma, so dass wir uns stets erfolgreich weiter vergrößern. Sie ist das »Gehirn« der Firma. Ich liebe sie und danke ihr für das zweitgrößte Geschenk in meinem Leben, unsere gemeinsame Tochter Vivien.

Meinem Ziehpapa und Trainer Peter Blankenburg verdanke ich, dass ich bis heute der erfolgreichste Leichtgewichtskickboxer Deutschlands bin. Er hat mich Disziplin, Ausdauer, Ehrlichkeit, Ehrgeiz und Zuverlässigkeit gelehrt. Eine Handvoll Eigenschaften, die heutzutage bei Mitarbeitern im Security-Business schwer zu finden sind, aber eigentlich in dieser Branche selbstverständlich sein müssten.

Ich danke meinen Sparringspartnern, die mir im Trainingswettkampf alles abverlangten und dadurch einen Weltmeister aus mir formten.

Christian Engel danke ich dafür, dass wir bis heute sehr enge Freunde sind, und das schon seit 1976, als er noch einen Laden für Kampfsportartikel hatte. Damals hat er sich mit einer eigenen Security-Firma selbständig gemacht und war damit bis heute für viele der Vorreiter in der privaten Sicherheitsdienstleistung. Er steht mir noch immer jederzeit mit seiner großen Erfahrung zur Seite, wenn ich nicht weiterweiß. Dass meine Firma heute Kuhr Security heißt, verdanke ich ihm. Er hat ihn quasi ausgesucht, als ich ihn fragte, welchen Namen ich wählen sollte. Dafür ein sportliches Osu.

Ich danke Harry Koch, seines Zeichens EPHK bei der Berliner Polizeibehörde und jahrzehntelanger Ausbilder von Polizeikräften. Als privater Dozent hat er mich erfolgreich ausgebildet.

Dass ich so erfolgreich bin, verdanke ich zum großen Teil meinen streng ausgesuchten Mitarbeitern, die mit ihrem unermüdlichen Einsatz und ihrer Kompetenz dazu beitragen, dass wir einen anerkannten und hervorragenden Ruf genießen. Hier muss ich vor allem Micha Waltner nennen, der mit seinem großen Wissen und vorbildlicher Loyalität seit 1996 den Ruf der Firma mehr als positiv beim Kunden verkauft.

Meinen beiden Großkunden, der Spielbank Berlin und dem Estrel-Hotel Berlin, danke ich für ihre Treue und Loyalität. Seit weit über zehn Jahren bringen sie mir und meinen Mitarbeitern täglich neues Vertrauen entgegen. Natürlich danke ich auch meinen zahlreichen anderen Kunden, denen ich durch meine persönliche Betreuung rund um die Uhr zur Seite stehe.

Mein ganz großer Dank gilt der Berliner Polizei mit ihren Spezialeinheiten (BAO, MEK und SEK), dass sie auf mich aufpassen und zu jeder Zeit helfen, als sei ich einer von ihnen.

Zu guter Letzt danke ich der kriminellen Szene, dass sie mich in ihr Herz geschlossen hat (oder auch nicht) und mich als ehrlichen, ernsthaften und unbestechlichen Freund oder Gegner respektiert.

Ich hoffe, ich habe niemanden vergessen. Wenn doch, so bitte ich um Entschuldigung.

Wenn ich nicht gerade meinen beliebten polnischen Abgang mache, verabschiede ich mich meist so: »Peace and love, my friend!« Und für die traditionellen Kampfsportler ein lautes »OSU« vom Kickbox-Worldchampion!

BILDNACHWEIS

DANIEL KRAUSE

ULF MEYER ZU KUEINGDORF

TATTOO KRAUSE

Deutschlands prominentester Tätowierer sticht zu

Daniel Krause betreibt in Berlin-Mitte das angesagteste Tattoo-Studio Deutschlands. Seine Kunden sind Rocker, Promis, hippe Kreative – und viele Normalos, die einfach mit einem Tattoo einen Lebensabschnitt markieren wollen. Hier gibt Krause frei Schnauze Einblick in seinen Alltag als Tätowierer: »Eine Metallmaschine, 15 Nadeln, 2000 Stöße in der Minute. Noch Fragen?«

DROEMER